PAIXÃO
PELAS ALMAS

Dados Internacionais de Catalogação na Publicação (CIP)
(Câmara Brasileira do Livro, SP, Brasil)

Smith, Oswald (1890-1986)
    Paixão pelas almas / Oswald Smith ; [tradução João Batista]. -- 3. ed. -- São Paulo : Editora Vida, 2020.

    Título original: *The Passions for Souls*
    ISBN 978-65-5584-015-5

    1. Evangelismo 2. Reavivamento (Religião) I. Título.

20-45781   CDD-269.24

Índice para catálogo sistemático:
1. Reavivamento : Derramamento do Espírito Santo : Cristianismo 269.24
Cibele Maria Dias - Bibliotecária - CRB-8/9427

COLEÇÃO *BEST-SELLERS*

OSWALD SMITH

PAIXÃO PELAS ALMAS

EDITORA VIDA
Rua Conde de Sarzedas, 246 — Liberdade
CEP 01512-070 — São Paulo, SP
Tel.: 0 xx 11 2618 7000
atendimento@editoravida.com.br
www.editoravida.com.br
@editora_vida /editoravida

Editor responsável: Gisele Romão da Cruz
Tradução: João Batista
Preparação de texto: Nilda Nunes
Revisão de provas: Esther Oliveira Alcântara
Diagramação: Claudia Fatel Lino
Capa: Rubens Lima

PAIXÃO PELAS ALMAS
© 1969 por Instituto Bíblico das Assembleias de Deus
© 1996, 2009, 2020 por Editora Vida
Título do original *The Passions for Souls*
Edição publicada por
Moody Publishers

Todos os direitos desta edição em língua portuguesa
reservados e protegidos por Editora Vida pela
Lei 9.610, de 19/02/1998.

É proibida a reprodução desta obra por quaisquer meios
(físicos, eletrônicos ou digitais), salvo em breves citações,
com indicação da fonte.

■

Exceto em caso de indicação em contrário,
todas as citações bíblicas foram extraídas de
Nova Versão Internacional (NVI)
© 1993, 2000, 2011 by International Bible Society, edição
publicada por Editora Vida. Todos os direitos reservados.

Todas as citações bíblicas e de terceiros foram adaptadas
segundo o Acordo Ortográfico da Língua Portuguesa,
assinado em 1990, em vigor desde janeiro de 2009.

■

As opiniões expressas nesta obra refletem o ponto de vista
de seus autores e não são necessariamente equivalentes às
da Editora Vida ou de sua equipe editorial.

Os nomes das pessoas citadas na obra foram alterados nos
casos em que poderia surgir alguma situação embaraçosa.

Todos os grifos são do autor, exceto indicação em contrário.

1. edição:	1996
2. edição:	jun. 2009
3. edição:	out. 2020
1ª reimp.:	nov. 2021
2ª reimp.:	jan. 2023
3ª reimp.:	maio 2023

Esta obra foi composta em *Adobe Caslon Pro*
e impressa por BMF Gráfica sobre papel
Pólen Natural 70 g/m² para Editora Vida.

Sumário

Prefácio	Billy Graham	7
Introdução	Jonathan Goforth	11
Capítulo 1	O derramamento do Espírito	13
Capítulo 2	A responsabilidade pelo reavivamento	22
Capítulo 3	Parto de alma	35
Capítulo 4	Poder do alto	48
Capítulo 5	Convicção de pecado	62
Capítulo 6	Obstáculos ao reavivamento	74
Capítulo 7	Fé para o reavivamento	82
Capítulo 8	Fome de reavivamento	89
Capítulo 9	Está morto o evangelismo?	99
Capítulo 10	A necessidade do momento	109
Capítulo 11	Evangelismo: resposta de Deus a um mundo que sofre	116
Capítulo 12	Deus manifesta seu poder nos reavivamentos	130

Prefácio

O coração e a essência da Mocidade para Cristo são a responsabilidade e a visão missionárias. Milhares e milhares de pessoas em solo estrangeiro estão tendo um encontro com Jesus mediante essa organização. A visão missionária que transformou a Mocidade para Cristo, há vários anos, foi principalmente o produto da visão, dos conselhos, das advertências, da liderança e do companheirismo de Oswald Smith.

Como **missionário-estadista** não há outro como ele. Ao redor do mundo, o nome de Oswald J. Smith simboliza evangelização de alcance mundial. Suas viagens evangelísticas, as grandes ofertas levantadas e a visão que Deus lhe deu têm servido de dínamo que produz energia, um incentivador para inúmeras sociedades missionárias. Quando a visão missionária estava embaçada, uma voz ressoava em Toronto, clamando no deserto: "Missões! Missões! Missões!", e evangélicos de todo o continente norte-americano começaram a despertar uma vez mais para a sua responsabilidade em relação aos pagãos. Os sermões impressionantes de Oswald J. Smith foram usados por Deus para ajudar a levantar milhões de dólares para as missões. Como *missionário*, ele exemplifica a paixão pelas almas.

Como **evangelista**, ele foi impulsionado por essa paixão santa. Sua mensagem enérgica e poderosa, a forma clara e concisa como expunha o Evangelho e a habilidade recebida de Deus para desafiar as pessoas a aceitarem a Cristo, tudo tem comprovado que Smith foi generosamente agraciado com o dom do evangelismo. Suas campanhas na Austrália, na Irlanda, na Jamaica e na África do Sul jamais serão esquecidas. Na América do Sul, onde pregou para aproximadamente 25 mil pessoas (muitas outras não puderam entrar), 4.500 pessoas se decidiram por Cristo pela primeira vez; encontrei-me com ministros cuja vida e ministério foram transformados após ouvirem as ministrações de Oswald. Ele foi usado pelo Senhor, de maneira especial, para comover o coração dos cristãos como talvez nunca acontecera antes na história da Igreja evangélica. Como *evangelista*, ele exemplifica a paixão pelas almas.

Smith, como **pastor** bem-sucedido, assim proclama o grandioso ministério da Igreja dos Povos ao mundo inteiro. O coração e a essência da grande Igreja dos Povos, em Toronto, são o evangelismo e as missões. Poucos pastores têm tido um pastorado tão longo e frutífero como o de Oswald J. Smith. Tenho pregado na Igreja dos Povos em diversas ocasiões, e em cada vez tenho-me admirado de encontrá-la repleta, ao máximo de sua capacidade. Somente os registros do céu sabem quantas almas se ajoelharam no altar da Igreja dos Povos, encontrando-se com Cristo. Como *pastor*, ele exemplifica a paixão pelas almas.

Como **autor**, os seus livros e folhetos têm sido traduzidos para inúmeras línguas. É impossível que alguém leia uma página de qualquer de seus muitos livros, sem perceber a intensidade de seu amor pelas almas e sentir sua influência. A caneta de Smith nada perde em entusiasmo, poder e desafio. Seus livros têm sido usados pelo Espírito Santo para gravar algo precioso, como com ferro em brasa, nos recessos de minha própria alma, e têm exercido uma extraordinária influência sobre minha vida e meu ministério. Como *autor*, Smith exemplifica a paixão pelas almas.

Como **poeta** e **compositor** de hinos, os seus cânticos são apreciados e cantados em diversas partes do mundo. Quem pode ouvir o hino "Então veio Jesus" ou aquele outro "Deus compreende", ou, ainda, "A glória de sua presença" ou "O cântico da alma libertada", sem sentir a paixão desse homem pelas almas? Em inúmeras reuniões tenho visto pessoas cujo coração se comoveu e se quebrantou quando esses hinos foram entoados. Seu hino "Salvo" tem servido de testemunho para grandes multidões. Como *compositor*, ele exemplifica a paixão pelas almas.

Como **homem**, sua total consagração à causa de nosso Senhor Jesus Cristo e ao avanço de seu Reino injetaram nova esperança, coragem e inspiração em milhares de jovens pregadores. Sua piedosa vida de oração e sua vida cristã, cheia do Espírito, foram uma bênção para multidões. Ninguém podia ficar em sua presença por cinco minutos sem receber o calor das chamas de sua alma. Como *homem*, ele exemplifica a paixão pelas almas.

Parece que apenas uma vez em cada geração Deus ergue um homem com tantos dons e talentos. A paixão impulsionadora da vida desse homem sobreviverá através das gerações vindouras, caso Cristo ainda se demore. Certamente, nenhum homem dos nossos dias esteve mais qualificado para escrever acerca da paixão pelas almas. Com este livro, a nossa oração sincera é para que outras pessoas sejam igualmente inspiradas por tão grande responsabilidade e visão, e por uma paixão tão fervorosa.

BILLY GRAHAM

~ Introdução ~

Paixão pelas almas, que alguém poderia chamar de opúsculo, é o apelo mais poderoso em prol do reavivamento espiritual que já tive oportunidade de ler. Verdadeiramente, o Espírito de Deus guiou o Dr. Smith na redação deste livro. Posso pronunciar meu mais caloroso "amém" à ênfase que ele dá à necessidade de um reavivamento dirigido pelo Espírito Santo. O que vi do reavivamento na Coreia e na China está de pleno acordo com o reavivamento proposto neste livro.

É oportuníssimo que o Dr. Smith chame a nossa atenção para o esforço humano, e para o método humano, no reavivamento espiritual moderno. Se todos tivéssemos fé para esperar em Deus, em oração intensamente confiante, haveria um genuíno reavivamento criado pelo Espírito Santo, e o Deus vivo receberia toda a glória. Na Mandchúria e na China, quando nada mais fazíamos além de pregar o evangelho e dirigir o povo em oração, mantendo-nos sempre fora do foco das atenções, vimos as mais extraordinárias manifestações de poder divino.

Fosse eu milionário, poria nas mãos de cada lar cristão, em nosso continente e no exterior, um exemplar do livro *Paixão pelas almas*. Depois ficaria esperando, com plena confiança, um reavivamento que sacudiria, finalmente, o mundo todo.

JONATHAN GOFORTH

Capítulo 1

O DERRAMAMENTO DO ESPÍRITO

Aconteceu em 1904. O País de Gales estava em chamas. A nação se afastara muito de Deus. As condições espirituais eram realmente ruins. A frequência às igrejas atingira um nível baixíssimo. E o pecado se alastrava por todos os lados.

De súbito, como um furacão inesperado, o Espírito de Deus soprou vigorosamente sobre a Terra. As igrejas tornaram-se apinhadas de novo, de tal modo que multidões ficavam impossibilitadas de entrar. As reuniões começavam às 10 horas da manhã e seguiam até a meia-noite. Três cultos completos eram realizados todos os dias. Evan Roberts foi o instrumento humano usado, mas havia pouquíssima pregação. Os cânticos, os testemunhos e a oração eram as características preeminentes. Não havia hinários; os hinos haviam sido aprendidos na infância. Tampouco havia corais, pois todos participavam dos cânticos. Nem havia coletas, avisos, anúncios e nenhum tipo de propaganda.

Nunca antes acontecera algo semelhante no País de Gales, com resultados tão extensos e duradouros. Os incrédulos se convertiam, os beberrões, gatunos e jogadores profissionais eram salvos, e milhares voltavam a ser cidadãos respeitáveis. Confissões de pecados horrendos se faziam ouvir por toda parte, dívidas antigas eram saldadas. Em cinco semanas, 20 mil pessoas se uniram às igrejas.

No ano de 1835, Tito Coan desembarcou num certo ponto do cinturão de praias das ilhas do Havaí. Em sua primeira viagem evangelística, multidões se juntaram, a fim de ouvi-lo. Apertavam-no de tal maneira que quase não lhe sobrava tempo para comer. Em certa ocasião, pregou três vezes, antes de ter a oportunidade de tomar sua primeira refeição matinal. Ele sentia que Deus estava operando extraordinariamente.

Em 1837, irromperam as chamas até então adormecidas. Os auditórios de Coan passaram a ser quase que a população inteira. Estava ministrando para 15 mil pessoas. Era impossível a ele atender todos. As pessoas vinham até ele, e estabeleceu-se ali uma igreja ao ar livre, que durou dois anos. Não havia uma única hora, de dia ou de noite, em que houvesse num culto menos de 2 mil pessoas, convocadas ao toque de um sino.

Havia tremor, choro, soluços e clamor em alta voz, pedindo misericórdia. Às vezes, o barulho do povo era tal que nem se conseguia ouvir o pregador; centenas de ouvintes caíam desfalecidos. Algumas pessoas clamavam. "A espada de dois gumes está me cortando em pedaços". Um ímpio zombador, que viera divertir-se, caiu ao solo como um cão raivoso, e bradou: "Deus me feriu!" Noutra oportunidade, em que Coan pregava ao ar livre para 2 mil pessoas, um homem clamou: "Que devo fazer para me salvar?" e orou a exemplo do publicano, enquanto a congregação inteira se pôs a implorar misericórdia. Durante meia hora o sr. Coan não pôde continuar seu sermão, mas teve de ficar calado, observando a operação de Deus.

Contendas foram solucionadas, alcoólatras foram recuperados, adúlteros se arrependeram, e homicidas confessaram seus crimes e se converteram, tendo sido perdoados. Ladrões devolveram os bens que haviam furtado. Muitas pessoas abandonaram seus pecados de uma vida inteira. Em um ano, 5.244 pessoas se uniram à igreja. Em um único domingo houve 1.705 batismos. Dois mil e quatrocentos cristãos se assentaram à mesa do Senhor; homens e mulheres, outrora pecadores, agora eram transformados em santos de Deus. Quando o sr. Coan partiu, ele mesmo acolhera e batizara 11.960.

Na pequena aldeia de Adams, do outro lado da fronteira com os Estados Unidos, em 1821, um jovem advogado dirigiu-se a um local retirado nos bosques, a fim de orar. Deus veio ali ao seu encontro, ele se converteu admiravelmente ao Senhor e, pouco depois, foi cheio do Espírito Santo. Esse homem se chamava Charles G. Finney.

O povo, ao ouvir falar desse caso, interessou-se profundamente e, como que por consenso, todos se reuniram num salão de cultos, à noite. Finney esteve presente. O Espírito de Deus desceu sobre eles com extraordinário poder convincente e, assim, teve início um reavivamento. Daí se foi propagando pela região circunvizinha, até que, finalmente, quase que a totalidade da região leste dos Estados Unidos foi tomada por um poderoso reavivamento. Onde quer que o sr. Finney pregasse, derramava-se o Espírito Santo. Com frequência, Deus ia adiante dele, de forma que, ao chegar aos lugarejos, ele já encontrava o povo clamando por misericórdia.

Algumas vezes, a convicção de pecado era tão grande, causando lamentos tão horríveis de angústia, que Finney tinha de interromper seu sermão por alguns momentos, até que o barulho diminuísse. Ministros (ora, vejam só!) e membros de igrejas se convertiam. Os pecadores eram ganhos para Cristo aos milhares. E, durante anos, a poderosa obra da graça teve prosseguimento. Ninguém jamais tinha visto algo parecido em toda a vida.

Propositadamente, eu quis trazer à memória do leitor esses três acontecimentos históricos sobre o derramamento do Espírito Santo. Centenas de outras ocorrências poderiam ser citadas. Essas, todavia, bastam como exemplo do que eu quero dizer. É justamente disso que precisamos hoje em dia, mais do que de qualquer outra coisa. Lembro-me de que derramamentos semelhantes aconteceram na China, na Índia, na Coreia, na África, na Inglaterra, no País de Gales, nos Estados Unidos, nas ilhas do Pacífico, e em muitos outros lugares no mundo inteiro. E no Canadá, nossa pátria tão querida? Em toda a nossa história, nunca experimentamos um reavivamento nacional! O meu coração clama a Deus, rogando-lhe uma manifestação do seu poder.

Será que precisamos de um reavivamento assim? Ouça! Quantas das nossas congregações estão quase vazias, com metade de seus bancos desocupada, domingo após domingo? Quão numerosa é a multidão de pessoas que jamais entrou na casa de Deus? Quantas igrejas têm cultos de oração, no meio da semana, frutíferos e prósperos, cheios de cristãos? Onde está a fome das coisas espirituais?

E as missões — as terras de além-mar nas trevas pagãs —, que estamos fazendo pelas missões? Porventura a existência de multidões que perecem suscita em nós algum interesse amoroso? Será que fomos dominados pelo egoísmo?

E o que se pode dizer sobre as tremendas riquezas com que Deus nos tem abençoado? Consideremos os Estados Unidos, por exemplo, a nação mais poderosa do mundo, cujas riquezas, em sua maior parte, se acham concentradas nas mãos de cristãos professos. Saiba que os Estados Unidos gastam mais, por ano, em goma de mascar do que no custeio de missões. Quantos cristãos estão devolvendo a Deus ao menos o dízimo, a décima parte daquilo que ele lhes dá?

Agora, pensemos em nossas universidades e seminários, tanto em nosso país como nos campos missionários, onde se ensina a "alta crítica", ou o modernismo teológico. O ensino, nesses lugares, é que Jesus nunca realizou um único milagre, nunca ressuscitou dentre os mortos, não nasceu de uma virgem, não morreu em nosso lugar e não voltará para arrebatar sua Igreja.

Quantos cristãos professos estão vivendo a vida de Cristo diante dos homens? Quão parecidos com o mundo os cristãos estão se tornando! Quão pouca oposição sofre o crente! Onde estão as perseguições lançadas contra a igreja primitiva? Como é fácil ser cristão hoje!

E que diremos do ministério evangélico? Os ministros procuram persuadir, converter e salvar por intermédio de sua mensagem? Quantas almas são conquistadas pela pregação da Palavra? Ah, meu amigo, estamos sobrecarregados com incontáveis atividades eclesiásticas, enquanto o verdadeiro trabalho da igreja, que é evangelizar o mundo e ganhar os perdidos para Cristo, está quase inteiramente negligenciado.

Onde está a convicção de pecado que antes percebíamos? Perdeu-se no passado? Consideremos uma das reuniões dirigidas por Charles Finney. Ah! Se pudéssemos repeti-las em nossos dias! Ele nos relata sobre certa ocasião em que dirigia reuniões em Antuérpia, quando um senhor idoso o convidou para pregar numa escolinha da vizinhança. Quando Finney chegou, o salão estava tão repleto que ele quase não pôde encontrar um lugar para ficar de pé, ao lado da porta. Finney falou por muito tempo. Começou impressionando os ouvintes com o fato de que faziam parte de uma comunidade ímpia, pois não havia cultos evangélicos naquele bairro. De pronto, os ouvintes foram atingidos pela convicção de pecado. O Espírito de Deus caiu como um raio sobre eles. Um por um, todos se prostraram de joelhos ou caíram no chão, clamando por misericórdia. Em dois minutos, todos estavam prostrados em terra, e clamando. Finney teve de parar de pregar, porque lhe era impossível fazer-se ouvir. Afinal, conseguiu atrair a atenção do senhor idoso que se assentara no meio do salão e olhava ao redor, na mais completa perplexidade. Finney gritou com toda a força de seus pulmões, para que o homem o ouvisse: pediu-lhe que começasse a orar. A seguir, achegando-se a uma pessoa de cada vez, levou todas a Jesus. Aquele irmão idoso ficaria, mais tarde, encarregado das reuniões ali, e Finney partiria para outro lugar. Aquela reunião prosseguiu a noite inteira, tão profunda era a convicção de pecado. Os resultados foram permanentes. Um dos jovens convertidos ali se tornou um ministro do evangelho de extraordinário êxito.

Sim, é verdade que os homens se têm esquecido de Deus. O pecado aumenta em todas as partes do mundo. O pregador já não consegue mais chamar a atenção do povo. Nada existe, além de um derramamento do Espírito de Deus, que seja capaz de resolver esse problema. Reavivamentos assim têm transformado centenas e centenas de comunidades, e também podem transformar a sua.

Então, como podemos provocar o derramamento abundante do Espírito Santo? Talvez você responda: "Pela oração". É verdade, você acertou. Mas é preciso incluir algo antes da oração. Temos de resolver, antes de mais nada, o problema do pecado. A menos que nossa vida seja reta aos olhos de Deus, a menos que o pecado seja abandonado, podemos orar até o dia do juízo, todavia o reavivamento espiritual não ocorrerá.

"Mas as suas maldades separaram vocês do seu Deus; os seus pecados esconderam de vocês o rosto dele, e por isso ele não os ouvirá" (Isaías 59.2).

Provavelmente, nosso melhor guia nesse ponto seja a profecia de Joel. Vamos examiná-la. Trata-se de um chamado ao arrependimento. Deus deseja ardentemente abençoar o seu povo, mas o pecado é um obstáculo diante da bênção. Deus, porém, é amoroso e compassivo, por isso envia um terrível julgamento contra seu povo. Encontramos a descrição de tal julgamento no primeiro e no segundo capítulo de Joel. Os invasores já chegaram quase até os portões da cidade. Mas o amor de Deus é infinito! Veja o que o Senhor diz em 2.12-14:

> [...] "voltem-se para mim
> de todo o coração,
> com jejum, lamento e pranto".
> Rasguem o coração, e não as vestes.
> Voltem-se para o SENHOR,
> o seu Deus,
> pois ele é misericordioso e compassivo,
> muito paciente e cheio de amor;
> arrepende-se, e não envia a desgraça.
> Talvez ele volte atrás, arrependa-se [...]

Muito bem, meu prezado amigo, não sei qual é o seu pecado. Só você e Deus o conhecem bem. Mas quero que você pense nisto: seria melhor que você interrompesse a sua oração e se levantasse, que você não mais continuasse ajoelhado e se prontificasse a resolver esse problema, arrependendo-se de seu pecado. "Se eu acalentasse o pecado no coração, o Senhor não me ouviria." (Salmos 66.18). Permita que Deus perscrute o seu coração e lhe revele todo o empecilho. O pecado tem de ser confessado e abandonado.

É possível que você tenha de abandonar algum ídolo querido. É possível que você tenha de fazer restituição. Talvez você esteja retendo aquilo que pertence a Deus, roubando o Senhor nos dízimos. Esse problema é inteiramente seu, não meu. Trata-se de uma questão entre você e Deus.

Observe, agora, os versículos 15-17 do segundo capítulo de Joel. O profeta conclamara o povo para uma reunião de oração. O pecado fora confessado e abandonado. Agora o povo poderia orar. Cabia ao povo implorar a Deus, no próprio nome de Deus, a fim de que as nações não viessem a indagar: "Onde está o Deus deles?" (v. 17). Agora o povo mostrava-se sincero, e sua oração haveria de prevalecer. Escute bem:

> Toquem a trombeta em Sião,
>   decretem jejum santo,
> convoquem uma assembleia sagrada.
> Reúna o povo,
>   consagrem a assembleia;
>   ajuntem os anciãos,
> reúnam as crianças,
>   mesmo as que mamam no peito.
> Até os recém-casados
> devem deixar os seus aposentos.
> Que os sacerdotes,
>   que ministram perante o Senhor,
> chorem entre o pórtico do templo
>   e o altar, orando:
> "Poupa o teu povo, Senhor.

> Não faças da tua herança
> objeto de zombaria
> e de chacota entre as nações.
> Por que se haveria de dizer
> entre os povos:
> 'Onde está o Deus deles?'".

Ah! meu irmão, você está orando? Você implora a Deus em favor de sua cidade? Você o procura noite e dia, clamando pelo derramamento do Espírito Santo? Pois esta é de fato a hora de orar. Somos informados a respeito de uma época, no trabalho de Finney, em que o reavivamento esfriou. Então, ele fez um pacto com os jovens, a fim de que orassem ao alvorecer, ao meio-dia e ao crepúsculo, em seus aposentos, durante uma semana. O Espírito começou a ser derramado novamente e, antes do fim daquela semana, as concentrações aumentaram.

É claro que nossa oração deve ser confiante, deve ser a oração que aguarda a resposta. Se Deus despertar corações para que orem em favor de um reavivamento, é sinal certo de que o Senhor quer derramar o seu Espírito. E Deus é sempre fiel à sua Palavra: "[...] farei descer chuva; haverá chuvas de bênçãos" (Ezequiel 34.26). As suas promessas nunca falham. Temos fé? Esperamos um despertamento espiritual?

Observe, agora, a resposta imediata, no versículo 18: "Então a SENHOR mostrou zelo por sua terra e teve piedade do seu povo". A resposta não demora a ser dada, desde que as condições tenham sido satisfeitas.

É assim que as coisas acontecem. A dificuldade não está no lado de Deus. Está aqui mesmo, conosco. Deus está mais do que disposto a socorrer-nos. Ele nos espera! Vamos deixá-lo esperando por muito tempo?

Capítulo 2

A RESPONSABILIDADE PELO REAVIVAMENTO

Tanto quanto posso relembrar, o meu coração se incendiava em meu peito cada vez que eu ouvia ou lia narrativas sobre a poderosa atuação de Deus nos grandes avivamentos do passado. Os heroicos missionários da cruz, em terras estrangeiras, ou os solitários homens de Deus, em campo nacional, em torno dos quais se centralizaram aquelas graciosas visitações do alto, sempre foram um motivo de indizível inspiração em minha vida. David Brainerd, Adoniran Judson, Charles G. Finney, Robert Murray MacCheyne — esses e muitos outros têm sido meus companheiros e amigos diletos.

Tenho observado e ouvido esses homens, tenho vivido com eles, até quase sentir o espírito do ambiente em que se movimentaram. Suas provações e dificuldades, suas orações e lágrimas, suas alegrias e tristezas, seus triunfos gloriosos e vitoriosas realizações têm feito vibrar a minha alma profundamente, e tenho me prostrado com o rosto em terra, exclamando com o profeta dos dias antigos: "Ah, se rompesses os céus e descesses! Os montes tremeriam diante de ti!" (Isaías 64.1).

O chamado Grande Despertamento do século XVIII, sob a liderança de John Wesley, a vibrante Manifestação Irlandesa de 1859, a gloriosa visitação norte-americana do século XIX, com Charles G. Finney, e o poderoso reavivamento do País de Gales, em 1904 e 1905, são fenômenos espirituais que têm sido minha comida e minha bebida há anos. Tenho ouvido, novamente, os soluços e os gemidos incontroláveis dos que se convenceram do pecado, o clamor amargo dos penitentes e as expressões de indizível alegria dos libertados. E, em meu íntimo, tenho suspirado para que haja outras manifestações como essas da presença e do poder de Deus.

Desde a minha infância, meu leite diário era contemplar a obra de Deus, mais ou menos segundo essa linha de pensamento. Ultimamente, porém, tenho sido impelido a pôr todas as outras coisas de lado, para devorar com os olhos tudo que me vem às mãos sobre o tema reavivamento espiritual. E, ao estudar a vida daquelas pessoas que Deus tem usado de forma tão notável, ao longo dos séculos, de modo especial a obra dos puritanos, dos primitivos metodistas e de outros obreiros posteriores, vi quão maravilhosamente deveram tudo ao Senhor, como trabalharam, esperaram e obtiveram o que buscavam, pela fé. Sinto-me obrigado a admitir que nada se vê hoje que se assemelhe àqueles reavivamentos. Não os vejo em meu próprio ministério nem no ministério de outros. As igrejas não visam a resultados espirituais e menos ainda os alcançam. Os pastores pregam, mas nem ao menos sonham que algo vai acontecer depois do sermão. Como nos desviamos para longe da rota! Como ficamos destituídos de poder!

Tem sido noticiado que há mais de 7 mil igrejas que não conquistaram uma única alma para Jesus Cristo, ao longo de um ano inteiro. Isso significa que 7 mil pregadores anunciaram o evangelho, durante um ano inteiro, sem atingir um coração sequer. Supondo que eles pregaram em média duas vezes por domingo, em 40 domingos, o que seria um número baixo, sem incluir cultos e reuniões extraordinários, isso significaria que esses 7 mil ministros pregaram 560 mil sermões em um único ano. Imagine agora o trabalho, o tempo e o dinheiro gastos para possibilitar tantos sermões. A triste realidade é que *560 mil sermões*, pregados por 7 mil ministros, em 7 mil igrejas, para dezenas e dezenas de milhares de ouvintes, ao longo de 12 meses, não conseguiram levar uma só alma aos pés de Cristo.

Ora, prezado leitor, há algo radicalmente errado em algum lugar. Há algo errado nesses 7 mil ministros, ou em seus 560 mil sermões, ou tanto nos ministros como nos sermões.

Ao reler as Doze Regras da primitiva igreja metodista, fiquei vivamente impressionado com o fato de que eles tinham por alvo a conquista de almas, e essa era sua tarefa suprema. Deixe-me citar uma dessas regras:

> Nada mais te compete fazer além de salvar almas. Portanto, gasta-te e deixa-te gastar nessa obra. Tua tarefa não é pregar tantas vezes; tua obrigação é salvar tantas almas quantas puderes; conduzir tantos pecadores quantos te for possível ao arrependimento; depois, com todas as tuas forças edificá-los na santidade, sem a qual ninguém verá jamais ao Senhor (Extraído de *As doze regras*, de John Wesley).

A aplicação prática dessa regra pode ser demonstrada na vida de William Bramwell, um dos homens mais notáveis de Wesley.

> Segundo o sentido comum do termo, ele não era um grande pregador. Porém, se o melhor médico é aquele que

realiza mais curas, o melhor pregador é o que se torna instrumento que leva o maior número de almas a Deus. Desse ângulo, Bramwell tem o direito de ser classificado entre os maiores e melhores ministros cristãos (Memórias de William Bramwell).

John Oxtoby era usado por Deus de tal modo, que foi capaz de asseverar: "Testifico diariamente a conversão de pecadores e raramente saio sem que Deus me dê algum fruto".

Foi dito, com respeito a John Smith, um dos homens de Deus mais admiravelmente ungidos e pai espiritual de milhares de almas, que

> [...] ele avaliava todo sermão e, de fato, toda a obra ministerial, unicamente por seus efeitos concernentes à salvação. "Estou decidido a conquistar almas, pela graça de Deus", exclamou ele. "O ministro do evangelho é enviado para desviar os homens das trevas para a luz, e do poder de Satanás para Deus!" Quanto àquele tipo de pregação que só produz prazer intelectual, ele o abominava com ira santa. Se havia algo muito típico desse homem, era seu comentário a um amigo sobre os sermões em que predominava quase exclusivamente o poder do intelecto, ou da imaginação: "São sermões inúteis, meu caro" (*Vida de John Smith*).

> "Não sei como gastam seu tempo os que continuam fazendo um trabalho rotineiro sem que haja fruto algum. Se isso me acontecesse, eu chegaria de pronto à conclusão de que estaria fora do lugar apropriado" (T. Taylor).

> Se o seu coração não estiver fixo no objetivo de seu trabalho e não ansiar pela conversão e pela dedicação de vossos ouvintes, se você não estudar nem pregar com essa esperança, não poderá ver muito fruto, apesar de todo o

seu trabalho. Eis uma prova horrorosa de que o coração do obreiro é falso e interesseiro: quando ele se satisfaz ao continuar tentando, ainda que não veja nenhum fruto de seu trabalho (Richard Baxter).

Foi aí que passei a confrontar os resultados de meu ministério com as promessas de Deus. Li em Jeremias 23.29: " 'Não é a minha palavra como fogo', pergunta o SENHOR, 'e como martelo que despedaça a rocha'?". E, em Efésios 6.17: "Usem [...] a espada do Espírito, que é a palavra de Deus". Quanto mais eu ponderava sobre isso, mais convencido ficava de que, no meu ministério, a Palavra de Deus não era fogo nem martelo, nem espada. Não queimava nem despedaçava, nem cortava. Não havia resultado espiritual. Contudo, Hebreus 4.12 diz que "a palavra de Deus é viva e eficaz, e mais afiada que qualquer espada de dois gumes; ela penetra até o ponto de dividir alma e espírito, juntas e medulas, e julga os pensamentos e intenções do coração". Eu nunca havia encarado a Palavra desse prisma. Mas John Wesley assim a via. John Smith era constante observador desse fenômeno. David Brainerd pôde contemplar o fio cortante da Palavra de Deus, mas eu não. "[...] assim também ocorre com a palavra que sai da minha boca: ela não voltará para mim vazia, mas fará o que desejo e atingirá o propósito para o qual a enviei" (Isaías 55.11). Eu sabia que essa maravilhosa promessa não estava se cumprindo na minha pregação. Eu não possuía evidências, como as que foram dadas a Paulo, a William Bramwell e a Charles G. Finney, de que a Palavra de Deus nunca retorna vazia. No entanto, eu tinha o direito de receber tais evidências. Não seria de admirar, pois, que eu começasse a desafiar minha própria pregação.

O problema dizia respeito a meus sermões e também à minha vida de oração. Minha vida de oração também tinha de ser desafiada e testada por meio dos resultados obtidos. Fui forçado a admitir que não se cumpria em minha experiência a confiante afirmação de Jeremias 33.3: "Clame a mim e eu responderei e lhe direi coisas grandiosas e insondáveis que você não conhece". Essas "coisas grandiosas e insondáveis" eram testemunhadas quase diariamente por Evan Roberts, Jonathan Goforth e outros, mas não por mim. Minhas orações não eram definidas nem diariamente respondidas. Por conseguinte, para mim não eram reais as declarações de João 14.13,14: "E eu farei o que vocês pedirem em meu nome, para que o Pai seja glorificado no Filho. O que vocês pedirem em meu nome, eu farei". Para mim, essas promessas não eram vitalmente importantes, já que eu pedia tantas coisas e não as recebia, o que está em desacordo com a promessa acima.

Foi assim que percebi que havia algo radicalmente errado em minha vida de oração. Então, li a autobiografia de Charles G. Finney e descobri que ele havia experimentado o mesmo fracasso. "Impressionava-me particularmente", narra Finney,

> o fato de as orações que eu tinha ouvido, semana após semana, até onde eu podia perceber, não serem respondidas. Realmente, pelo que diziam em suas orações e também no decurso de reuniões e cultos, os cristãos que haviam orado não achavam que elas haviam sido respondidas.
>
> Exortavam-se mutuamente para que se despertassem e se ativassem, e para que orassem com mais fervor por um reavivamento. Os cristãos afirmavam que se cumprissem seus deveres, e pedissem um derramamento do Espírito, e fossem sinceros, o Espírito de Deus se derramaria, trazendo um reavivamento, e assim os impenitentes se converteriam. Porém, tanto em suas orações como nas reuniões e

preleções, continuamente esses cristãos confessavam, pelo menos em substância, que **não** estavam fazendo progresso algum na obtenção do reavivamento.

Essa incoerência, o fato de orarem tanto, sem obter resposta alguma, era para mim uma triste pedra de tropeço. Eu não sabia o que fazer diante disso. Para mim tudo se resumia em decidir se eu deveria compreender que aquelas pessoas não eram realmente cristãs, motivo por que não prevaleciam diante de Deus, ou se eu havia entendido mal as promessas e os ensinamentos das Escrituras sobre esse ponto. Quem sabe eu deveria concluir que a Bíblia não diz a verdade? Ali estava algo inexplicável para mim e houve um período em que, segundo me pareceu, quase fui atirado às garras do ceticismo. Ficou bem patente para mim que os ensinamentos bíblicos de forma alguma eram coerentes com os fatos que ocorriam perante os meus olhos.

Certa vez, num culto de oração, alguém me perguntou se eu queria que orassem por mim. Respondi negativamente, porque eu via que Deus não lhes respondia as orações. Repliquei o seguinte: "Acho que necessito de orações, pois estou cônscio de que sou um pecador; mas não vejo como essas orações me trarão proveito. Os irmãos estão continuamente pedindo, mas nada recebem. Estão orando por um reavivamento desde que cheguei a Adams, mas até hoje não o receberam".

Quando John Wesley concluía a sua mensagem, clamava a Deus para que "confirmasse a sua Palavra", para que "pusesse nela o seu selo" e para que "desse testemunho de sua Palavra". E assim Deus fazia. Os pecadores eram imediatamente tocados e começavam a clamar pedindo misericórdia, sob tremenda convicção de pecado. Pouco depois, em um momento, era concedida a eles a liberdade de alma. Todos eram tomados de inexprimível alegria, reconhecendo a realidade de sua salvação. Em seu admirável diário, Wesley registra o que seus olhos viram e seus ouvidos ouviram, com estas palavras:

> Compreendíamos que muitos ficavam chocados pelos clamores daquelas pessoas sobre quem o poder de Deus descia. E, entre esses críticos, havia um médico que temia muito que houvesse fraude ou impostura da parte das pessoas. Hoje, uma senhora a quem ele conhecia havia muitos anos foi a primeira a prorromper em fortes clamores e lágrimas. Ele quase não podia acreditar em seus próprios olhos e ouvidos. Foi postar-se perto daquela mulher, pondo-se a observar cada sintoma, e até que viu grandes gotas de suor correrem pela face dela; até parecia que os ossos dela estremeciam. Diante disso, ele não sabia o que pensar. Ficou claramente convencido de que não se tratava de fraude, nem de alguma desordem de explicação natural. Mas, quando tanto a alma como o corpo daquela senhora foram curados num instante, o médico reconheceu a presença de Deus ali.

Essa foi, igualmente, a experiência da igreja primitiva. "Quando ouviram isso, ficaram aflitos em seu coração, e perguntaram a Pedro e aos outros apóstolos: 'Irmãos, que faremos?'" (Atos 2.37). "Paulo e Barnabé passaram bastante tempo ali, falando corajosamente do Senhor, que confirmava a mensagem de sua graça realizando sinais e maravilhas pelas mãos deles." (Atos 14.3) Os cristãos primitivos oravam para que fossem feitos entre eles "sinais e maravilhas" (Atos 4.30). E o apóstolo Paulo declarou que o evangelho "é o poder de Deus para a salvação de todo aquele que crê" (Romanos 1.16). No entanto, eu desconhecia tudo isso em meu ministério.

No reavivamento irlandês de 1859, "sinais e maravilhas" eram vistos por toda parte. Entre os primitivos metodistas eram uma ocorrência diária. Para mim, todavia, o evangelho não era "o poder de Deus para a salvação". Deus não "confirmava a sua Palavra", nem "punha nela o seu selo", nem "dava testemunho de sua Palavra" quando eu pregava. Contudo, eu sabia que tinha o direito de esperar essas manifestações, porquanto o próprio Senhor Jesus fizera tais promessas. "Aquele que crê em mim", disse ele, "fará também as obras que tenho realizado. Fará coisas ainda maiores do que estas, porque eu estou indo para o Pai" (João 14.12).

Chegou então o dia em que li o livro de Atos dos Apóstolos com o objetivo de verificar se os servos de Deus, na igreja primitiva, sempre obtinham resultados por onde quer que andassem. Como descobri em minha leitura, o alvo deles era o fruto: conversões para Cristo. Em razão disso, trabalhavam, esperavam e jamais deixaram de obtê-lo. Pedro pregou no dia de Pentecoste, e quase 3 mil almas responderam àquele primeiro apelo. Houve resultados perfeitamente definidos. No caso de Paulo, sucedia coisa semelhante. Basta que o sigamos de cidade a cidade, para comprovar. Por onde quer que ele passasse, surgiam congregações cristãs. Veja como os resultados são registrados de modo repetitivo, ao longo do livro de Atos: "[...] e naquele dia houve um acréscimo de cerca de três mil pessoas" (2.41). "A mão do Senhor estava com eles, e muitos creram e se converteram ao Senhor" (11.21). "[...] e muitas pessoas foram acrescentadas ao Senhor" (11.24). "[...] Ali falaram de tal modo que veio a crer grande multidão de judeus e gentios" (14.1). "Alguns dos judeus foram persuadidos e se uniram a Paulo e Silas, bem como muitos gregos tementes a Deus, e não poucas mulheres de alta posição" (17.4). "Alguns homens juntaram-se a ele e creram [...]" (17.34). E Paulo foi capaz de referir-se ao "que Deus havia feito entre os gentios por meio do seu ministério" (21.19).

Como eu estava longe disso tudo! Como eu havia fracassado! Havia falhado exatamente naquela parte do ministério para o qual Deus me chamara. Raramente eu poderia escrever, após haver pregado, que "muitos creram e se converteram ao Senhor", ou mesmo que "alguns foram persuadidos". Também não me encontrava em posição de relatar como Paulo aquilo "que Deus havia feito [...] por meio do [meu] ministério".

O Senhor nos assegura, clara e enfaticamente, que é de sua vontade que cada um dos seus servos produza muito fruto. "Vocês não me escolheram, mas eu os escolhi para irem e darem fruto [...]" (João 15.16). Por um tempo longo demais, eu me contentara em semear e evangelizar usando como desculpa que eu deixava os resultados nas mãos de Deus. Eu achava que havia cumprido meu dever. Quando as pessoas são salvas e grandemente abençoadas, dão testemunho disso. Quando, porém, fazem silêncio, há razão para duvidarmos da realidade dos resultados. George Whitefield recebia algumas centenas de cartas, após ele haver pregado, as quais narravam as bênçãos recebidas e as conversões.

> Vá ao culto público determinado a impressionar e persuadir algumas almas a que se arrependam e se salvem. Vá a fim de abrir olhos cegos e ouvidos surdos, fazer os aleijados andarem, transformar os insensatos em sábios, ressuscitar os que estão mortos em seus delitos e transgressões, para que vivam uma vida divina, celestial, e levar rebeldes culpados a retornarem ao amor e à obediência ao seu Criador, por meio de Jesus Cristo, o grande Reconciliador, a fim de que sejam perdoados e salvos. Vá a fim de exalar o perfume de Cristo e

do seu evangelho perante toda a assembleia, e atrair as almas para que participem de sua graça e glória (Dr. Watts).

Existem pessoas que acreditam possuir talentos especiais para a edificação dos cristãos, pelo que se dedicam inteiramente a esse ministério especial. Foi assim que me desviei e entrei num atalho secundário. Achava que tinha dons especiais para ensinar aos jovens cristãos a respeito da vida mais profunda. Por isso preparei alguns sermões, com a ideia de consagrar meu tempo a essa tarefa, até que Deus, em sua misericórdia, abriu os meus olhos e me mostrou quanto eu me havia afastado da trilha certa. Nada existe capaz de aprofundar tanto a experiência cristã, edificar os cristãos e firmá-los na fé tão rápida e completamente, como deixar que contemplem a salvação de almas. Reuniões sérias, dirigidas pelo Espírito Santo, nas quais o poder de Deus se manifesta intensamente na convicção e salvação de pecadores, fazem mais pelos cristãos do que o doutrinamento durante anos a fio, sem a manifestação do Espírito. Essa foi a experiência de David Brainerd. Escrevendo sobre os índios entre os quais trabalhava, diz ele:

> Muitos desses índios têm conseguido mais conhecimento doutrinário acerca das verdades divinas, desde que Deus os visitou em julho passado, do que poderia ter sido instilado em suas mentes, pelo uso mais diligente e apropriado de meios de instrução, ao longo de muitos anos, mas sem aquela influência divina.

Certo incidente é relatado com respeito a William Bramwell:

> Diversos pregadores locais haviam declarado que os seus talentos não visavam a despertar e a erguer pecadores

negligentes e impenitentes, mas, antes, a edificar os cristãos na fé. Bramwell esforçava-se por provar que esse raciocínio era frequentemente utilizado como desculpa para a perda da vitalidade e do poder dados por Deus. Embora alguns pregadores realmente possam ter recebido um talento especial com vistas ao consolo e a edificação dos cristãos, os verdadeiros servos de Jesus, aqueles que ele tem enviado à sua seara, podem dedicar-se a toda sorte de trabalho. Sabem arar, escavar, plantar, semear, aguar e outros serviços. E exortava fervorosamente os pregadores a que não se satisfizessem enquanto não vissem o fruto de seus esforços, na forma de despertamento e conversão de pecadores.

A edificação dos cristãos, em sua santíssima fé, era um dos principais objetivos do ministério de Smith. Ele jamais consideraria bem-sucedida essa modalidade de trabalho, se os resultados não fossem medidos em termos de pecadores convertidos (*Vida de John Smith*).

Quem mais segura e perfeitamente edifica os cristãos é aquele que mais ardente e biblicamente trabalha na conversão de pecadores (*Vida de John Smith*).

O trabalho entre os cristãos, por si mesmo, não é suficiente para promover o máximo de espiritualidade. Não importa quão espiritual seja uma congregação: se almas não estão sendo salvas, algo está radicalmente errado, e a pretensa espiritualidade não passa de falsidade, uma ilusão do Diabo. As pessoas que se satisfazem ao reunir-se só para terem momentos agradáveis entre si estão muito distantes de Deus. A espiritualidade autêntica sempre produz resultados. Manifesta-se o anseio e o amor pelas almas. Estivemos em lugares afamados por serem reconhecidamente religiosos, mas vimos que, frequentemente, tudo aquilo era uma questão intelectual. O coração permanecia insensível e, muitas vezes, havia pecado não confessado em algum lugar. "[...] tendo aparência de piedade, mas negando o seu poder [...]" (2Timóteo 3.5). Ora, que situação patética! Vamos desafiar, então, a nossa própria espiritualidade e verificar o que ela está produzindo. Nada, senão um genuíno reavivamento no corpo de Cristo, que resulte em legítimo despertamento dos perdidos, poderá satisfazer o coração de Deus.

Capítulo 3

PARTO DE ALMA

Podemos ler, em Isaías 66.8: "[...] Pode uma nação nascer num só dia, ou, pode-se dar à luz um povo num instante?". Realmente, esse é o elemento mais fundamental da obra de Deus. Pode nascer um filho sem dores de parto? Pode haver nascimento sem parto? No entanto, quantos esperam na dimensão espiritual algo que não é possível nem na dimensão natural! Prezado leitor, nada, absolutamente nada menos do que um parto de alma pode produzir um filho espiritual! Finney diz-nos que não tinha palavras a proferir, mas podia tão somente gemer e chorar, quando pleiteava perante Deus em favor de uma alma perdida. Experimentava autêntico parto de alma.

Poderíamos sentir dor no coração por uma criança que se afoga, não, porém, por uma alma que perece? Não é difícil que alguém chore quando percebe que seu pequenino está mergulhando para o fundo do rio pela última vez. É quando a angústia é espontânea. Não é difícil, semelhantemente, que alguém sinta angústia, quando vê o caixão que contém tudo quanto ele amava sobre a terra afastar-se na direção do cemitério. As lágrimas brotam naturalmente numa situação como essa! Mas entender que almas preciosas, imortais, perecem ao nosso derredor, precipitando-se irremediavelmente nas trevas do desespero, perdidas na eternidade, e não sentir angústia alguma, não derramar lágrimas, não conhecer o parto de alma! É tão frio o nosso coração? Não conhecemos a compaixão de Jesus? Deus nos pode concedê-la. A falta será nossa se não a recebermos.

Jacó, como você deve estar lembrado, passou pelo parto de alma até vencer. Mas quem está agindo assim hoje? Quem está passando pelo parto de alma, em suas orações? Muitos cristãos, até mesmo entre nossos lideres evangélicos mais espirituais, contentam-se com passar alguns minutos diários de joelhos, para se ensoberbecerem, a seguir, pelo tempo que dedicam a Deus! Aguardamos resultados extraordinários, verdadeiras maravilhas, milagres. Sinais e maravilhas acontecerão, mas somente mediante esforços extraordinários no terreno espiritual. Portanto, nada menos que um apelo contínuo e agonizante em prol das almas hora após hora, dia e noite, em oração, será capaz de levar-nos a prevalecer. Por conseguinte:

Ponham vestes de luto, ó sacerdotes,
    e pranteiem;
chorem alto,
    vocês que ministram perante o altar.
Venham,
    passem a noite vestidos de luto,
vocês que ministram
    perante o meu Deus;
pois as ofertas de cereal
    e as ofertas derramadas
foram suprimidas
    do templo do seu Deus.

Decretem um jejum santo;
   convoquem uma assembleia sagrada.
Reúnam as autoridades
   e todos os habitantes do país
no templo do Senhor, o seu Deus,
   e clamem ao Senhor (Joel 1.13,14).

Ah, é verdade, Joel sabia o segredo. Nós também: ponhamos de lado tudo o mais e comecemos a "clamar ao Senhor".

Lemos nas biografias de nossos antepassados que se mostraram mais bem-sucedidos na conquista de almas, que oravam em secreto durante horas a fio. Fazemos então uma pergunta: poderíamos obter os mesmos excelentes resultados sem seguir o exemplo deles? Caso não precisemos orar tanto, provemo-lo ao mundo: descobrimos um método superior! Caso contrário, em nome de Deus, comecemos a seguir aqueles que, pela fé, com paciência, tornaram-se herdeiros da promessa. Nossos progenitores espirituais choraram, oraram e agonizaram diante do Senhor, em favor dos ímpios, visando à salvação deles, e não descansavam enquanto os pecadores não fossem feridos pela espada, que é a Palavra do Senhor. Esse é o segredo do êxito retumbante dos gigantes espirituais do passado: quando as coisas ficavam paralisadas, eles lutavam em oração até que Deus derramasse de seu Espírito sobre os homens que, como resultado, se convertiam (Samuel Stevenson).

Todos os homens de Deus eram poderosos homens de oração. Somos informados de que o Sol nunca surgia no horizonte, na China, sem encontrar Hudson Taylor de joelhos.

Não admira, portanto, que a Missão para o Interior da China tenha sido tão maravilhosamente usada por Deus!

A conversão é uma operação efetuada pelo Espírito Santo, e a oração é o poder que assegura essa operação. As almas não são salvas pelo homem, e sim por Deus; posto que ele opera em resposta à oração, não temos outra alternativa além de seguir o plano divino. A oração movimenta o braço divino, que põe o avivamento em ação.

A oração que prevalece não é fácil. Aqueles que têm travado conflito com os poderes das trevas sabem que ela é difícil demais. Paulo escreveu, dizendo que "a nossa luta não é contra seres humanos, mas contra os poderes e autoridades, contra os dominadores deste mundo de trevas, contra as forças espirituais do mal nas regiões celestiais" (Efésios 6.12). E o Espírito Santo ora com "gemidos inexprimíveis" (Romanos 8.26).

Quão poucos encontram tempo para a oração! Resta-lhes tempo para tudo o mais, como tempo para dormir e tempo para comer, tempo para ler o jornal e assistir à novela, tempo para visitar os amigos, tempo para tudo o que acontece debaixo do Sol; porém, não lhes resta tempo para a oração, a coisa mais importante de todas.

Pense em Susana Wesley, que, embora fosse mãe de 19 filhos, encontrava tempo para trancar-se em seu aposento uma hora inteira diariamente, onde ficava a sós com Deus. Meu amigo, não se trata tanto de encontrarmos tempo, e sim de *criarmos* tempo. E podemos criar tempo, se assim o quisermos.

Os apóstolos consideravam tão importante o ministério da oração que não quiseram desviar seu tempo, realizando o serviço de distribuição de alimentos. Antes, disseram "e nos dedicaremos à oração e ao ministério da palavra" (Atos 6.4). No entanto, quantos ministros do evangelho tomam para si a responsabilidade financeira do trabalho, e quantos oficiais da igreja esperam que os pastores se encarreguem de tarefas administrativas! Não é de admirar, pois, que o trabalho espiritual desses pastores tenha tão pouca importância!

"Num daqueles dias, Jesus saiu para o monte a fim de orar, e passou a noite orando a Deus" (Lucas 6.12). Esse é o registro bíblico a respeito do Filho de Deus. Ora, se era necessário que ele orasse assim, que se dirá de nós? Medite nisso! O Filho de Deus "passou a noite orando a Deus". Quantas vezes isso poderia ser escrito a nosso respeito? Isso explica o poder de Jesus! Qual é a explicação para nossa debilidade espiritual?

Os profetas antigos exortam-nos com todo fervor a que tenhamos uma vida de oração. Ouça o clamor de Isaías:

> [...] Vocês que clamam pelo SENHOR, não se entreguem ao repouso, e não lhe concedam descanso até que ele estabeleça Jerusalém e faça dela o louvor da terra (Isaías 62.6,7).

> Que os sacerdotes,
>   que ministram perante o SENHOR,
> chorem entre o pórtico do templo
>   e o altar, orando:
> "Poupa o teu povo, SENHOR.
> Não faças da tua herança
>   objeto de zombaria
>   e de chacota entre as nações.
> Por que se haveria de dizer
>   entre os povos:
> 'Onde está o Deus deles?'" (Joel 2.17).

Os profetas não somente exortavam os outros a que orassem, mas eles mesmos se dedicavam à oração. Disse Daniel: "Por isso me voltei para o Senhor Deus com orações e súplicas, em jejum, em pano de saco e coberto de cinza. Orei ao Senhor, o meu Deus, e confessei [...]" (Daniel 9.3,4). E Esdras, igualmente, brandiu essa poderosa arma, em todos os momentos difíceis: "[...] e caí de joelhos, com as mãos estendidas para o Senhor, meu Deus, e orei: Meu Deus [...]" (Esdras 9.5,6). Em seguida, lemos a sua notabilíssima oração. O mesmo método foi seguido por Neemias: "Quando ouvi essas coisas, sentei-me e chorei. Passei dias lamentando-me, jejuando e orando ao Deus dos céus" (Neemias 1.4).

Essa era, semelhantemente, a prática seguida pela igreja primitiva. A Bíblia diz que, quando Pedro estava encarcerado, "a igreja orava intensamente a Deus por ele" (Atos 12.5). E também relata que "muita gente se havia reunido e estava orando" na casa de João, chamado Marcos (Atos 12.12).

E agora, como fecho digno, podemos examinar o registro das relações de Deus com seus servos honrados, ouvindo o que eles têm a dizer acerca do segredo de se obter resultados. Que Deus nos impressione vivamente com a preocupação pela oração e pela súplica, que caracterizava aqueles poderosos gigantes espirituais, e que lhes infundia tão grande trabalho de alma!

John Livingstone passou a noite inteira, véspera de 21 de junho de 1630, em oração e conferência, pois estava designado para pregar no dia seguinte. Após falar por aproximadamente uma hora e meia, algumas gotas de chuva predispuseram o povo para debandar. Livingstone perguntou se porventura havia algum abrigo capaz de protegê-los contra a tempestade da ira de Deus, e prosseguiu por mais uma hora. Naquela ocasião houve cerca de 500 conversões (Livingstone de Shotts).

Há alguns anos conheci um ministro do evangelho que promoveu reavivamentos por 14 invernos sucessivos. Eu não sabia como explicar esse fenômeno espiritual, até que vi um dos membros de sua congregação levantar-se em um culto de oração, e fazer uma confissão. Disse ele: "Irmãos, há muito tempo tenho o hábito de orar cada sábado à noite, até depois da meia-noite, pedindo a Deus a descida do Espírito Santo sobre nós. E agora, irmãos", e nesse ponto ele começou a soluçar, "confesso que tenho negligenciado essa prática há duas ou três semanas". O segredo fora revelado. Aquele ministro possuía uma congregação dedicada à oração (Charles G. Finney).

A oração prevalecente ou eficaz é aquela que alcança a bênção que busca. É aquela oração que move Deus realmente. A própria ideia envolvida na expressão oração eficaz é que ela atinge os seus objetivos (Charles G. Finney).

Em certa cidade não havia um reavivamento por muitos anos; a congregação evangélica estava quase extinta, os jovens não eram convertidos, e reinava uma desolação geral invencível. Na parte remota da cidade, morava um homem idoso, ferreiro de profissão, tão gago que dava dó ouvi-lo. Estava sozinho em sua oficina, em certa sexta-feira, quando sua mente foi inundada por uma preocupação grandiosa com o estado espiritual da igreja e das pessoas impenitentes. A sua agonia se tornou tão intensa que o velho se sentiu induzido a deixar de lado o seu trabalho e fechar a oficina, a fim de passar a tarde em oração.

Prevaleceu em oração e no sábado visitou o ministro e lhe expressou o desejo de que este realizasse uma conferência evangelística, isto é, um culto evangelístico. Após alguma hesitação o ministro concordou, não sem antes observar que temia que poucos comparecessem. Marcou-se o culto para aquela mesma noite, em uma espaçosa moradia particular. Chegada a noite, reuniram-se mais pessoas do que poderiam acomodar-se na casa. Todos estavam silenciosos, até que, passado algum tempo um pecador prorrompeu em lágrimas, e pediu que se alguém soubesse orar, orasse por ele. Seguiu-se outro, e depois outro, e outro ainda, até que muitas pessoas de todas as áreas da cidade se encontravam sob a convicção de pecado. E o mais notável de tudo é que todas assinalavam o momento dessa convicção na hora exata em que aquele homem idoso orava em sua oficina. Seguiu-se daí um poderoso reavivamento. Foi dessa forma que aquele homem idoso e gago prevaleceu e, como príncipe, manifestou o poder de Deus (Charles G. Finney).

"Implorei a Deus hoje durante horas, nos bosques, em favor das almas; e ele no-las dará. Reconheço o sinal do Senhor. Esta noite me serão dadas muitas almas. Confio em que a sua seja uma delas." Chegou a noite, e sobreveio um poder que eu nunca antes sentira. Clamores por misericórdia ecoavam pelo templo. Antes de terminar o sermão, caí de joelhos com muitos outros a fim de implorar por salvação (Um dos convertidos de T. Collins).

"Dirigi-me sozinho ao meu retiro, entre as rochas. Chorei muito e implorei ao Senhor que me desse almas" (T. Collins).

Passei a sexta-feira em jejum secreto, em meditação e em oração, rogando ajuda para o dia do Senhor. Meu sermão estava pela metade quando um homem soltou um grito; diante desse brado minha alma se enterneceu. Prostrei-me a fim de orar, pois não era mais possível continuar pregando, devido aos clamores e lágrimas por todo o templo. Continuamos em intercessão, e a salvação foi outorgada (T. Collins).

Ele se dedicou à oração. Bosques e lugarejos isolados se transformaram em recintos fechados. Nesses exercícios o tempo corria célere. Ele parava em lugares solitários a fim de orar, e o céu vinha ao seu encontro ali mesmo, de tal modo que as horas se lhe escoavam. Fortalecido no poder de tais batismos, ele se tornava ousado para anunciar a cruz, bem como disposto a carregá-la (Charles G. Finney).

Propus que celebrássemos um pacto de orar em nossos aposentos, pedindo o avivamento sobre a obra de Deus; que orássemos ao nascer do sol, ao meio-dia e ao escurecer, em nossos quartos, todos os dias durante uma semana. Depois disso, nós nos reuniríamos novamente para ver o que mais deveríamos fazer. Não foram utilizados outros meios. Mas o desejo de oração imediatamente se derramou sobre os novos convertidos. Antes do término daquela semana, soube de alguns deles que, quando tentavam observar esses períodos de oração, perdiam de tal maneira as forças que se tornavam incapazes de se levantar sobre os próprios pés, ou mesmo de ficar eretos sobre os joelhos, em seus quartos. E que alguns deles se prostravam no assoalho, e oravam com gemidos inexprimíveis, implorando pelos derramamentos do Espírito de Deus. O Espírito se derramava, e assim, antes de terminar aquela semana, todas as reuniões contavam com um grande número de pessoas. Houve intenso interesse pelas questões religiosas, na minha opinião, tanto quanto houvera em qualquer outro período durante o reavivamento (Charles G. Finney).

Inúmeras vezes eu o vi descer as escadas, de manhã, após haver passado várias horas em oração, com os olhos inchados de tanto orar. Não demorava a fazer alusão ao motivo de sua ansiedade, dizendo: "Sou um homem de coração partido. Sim, é verdade sou um homem infeliz. Não por mim mesmo, mas por causa dos outros. Deus me deu tal visão do valor imenso das almas, que não sou capaz de viver se elas não estiverem sendo salvas. Oh, dá-me almas, pois de outro modo morrerei!" (David Brainerd).

Aproximando-se o meio da tarde, Deus permitiu-me que lutasse ardentemente em intercessão por meus amigos. Mas foi justamente ao começar a noite que o Senhor me visitou de maneira maravilhosa, em oração. Penso que a minha alma nunca passara antes por tal agonia. Não sentia nenhuma restrição, visto que os tesouros da graça divina se abriram para mim. Lutei em favor de meus amigos, pela colheita de almas, por multidões de pobres almas, e por muitos que eu pensei serem filhos de Deus. Mantive-me nessa tremenda agonia desde meia hora depois que o Sol surgira no horizonte, até quase fazer-se noite, e isso me deixou inundado de suor (David Brainerd).

Retirei-me a fim de orar, esperando receber forças do alto. Nessa oração, meu coração se expandiu consideravelmente, e de minha alma foi exigido tanto, que não me lembro de outra ocorrência igual antes, em minha vida. Encontrava-me numa agonia tal, e implorava com tanta intensidade e importunação que, quando me levantei dos joelhos, sentia-me completamente fraco e debilitado. Quase não podia andar em linha reta; minhas juntas pareciam frouxas; o suor escorria pelo meu rosto e pelo meu corpo; e a natureza parecia prestes a dissolver-se (David Brainerd).

A oração deve fazer parte de nosso trabalho, tanto quanto a pregação. O pregador que não ora por suas ovelhas não está pregando de todo o coração. Se não prevalecermos perante Deus, para que o Senhor lhes dê arrependimento e fé, provavelmente não poderemos prevalecer perante eles, para que se arrependam e creiam (Richard Baxter).

Diversos membros da igreja de Jonathan Edwards haviam passado a noite inteira em oração, antes de ele pregar seu memorável sermão "Pecadores nas mãos de um Deus irado". O Espírito Santo se derramou em ondas tão poderosas, e Deus se manifestou de tal maneira, em santidade e majestade, durante a pregação daquele sermão, que os presbíteros lançaram os braços em redor das colunas do templo e clamaram: "Senhor, salva-nos, que estamos caindo no inferno!".

Quase todas as noites houve agitação entre o povo; e eu vira cerca de 20 pessoas serem libertadas. Creio que deveria ter visto mais ainda, mas até agora não pude encontrar quem se dedicasse à intercessão. Em dois ou três lugarejos, houve gritos pedindo misericórdia; e diversas pessoas ficaram em estado de profunda aflição (William Bramwell).

Onde os resultados que ele desejava não se manifestavam em seu ministério, ele passava dias e noites quase constantemente de joelhos, chorando e pleiteando perante Deus; e deplorava especialmente a sua inaptidão para realizar a grande obra da salvação de almas. Quando não percebia qualquer movimento no templo, ele sofria, literalmente, dores de parto de alma para que nascessem almas preciosas, até que via Cristo magnificado na salvação delas (Vida de John Smith).

"Se passares várias horas em oração, diariamente, verás grandes coisas" (John Nelson).

Tinha como regra sair da cama à meia-noite e ficar sentado, até às 2 da madrugada, orando e conversando com Deus; em seguida dormia até às 4 horas, e sempre se levantava a essa hora (Vida de John Nelson).

Mostra-te constante em oração. Estudos, livros, eloquência, ótimos sermões, tudo isso nada representa sem a oração. A oração traz o Espírito, a vida e o poder (Memórias de David Stoner).

Descobri ser necessário começar às 5 horas da manhã e continuar em oração em todas as oportunidades, até às 10 ou 11 horas da noite (William Bramwell).

Precisaríamos, todavia, retroceder até esses poderosos homens do passado? Não haverá alguns, hoje, que queiram pedir a Deus que lhes dê o senso de responsabilidade pelas almas? Será que na presente geração não desfrutaremos de reavivamento, em resposta à oração fiel, confiante, trabalhosa e prevalecente? Oh, nesse caso, "Senhor, ensina-nos não como orar, mas antes, a **orar**".

Deus de avivamento, vem a nós agora.
É o teu nome que invocamos.

Perdoa o nosso pecado e ouve a nossa oração;
Chuvas de bênçãos te imploramos.

Deus de avivamento, sonda o nosso coração;
Torna-nos puros e imaculados;
Queima a escória e as impurezas.
Perdoa todos os nossos pecados.

Deus de avivamento, torna-nos um,
Para que contigo possamos labutar.
Ajuda-nos a orar, até que, por fim,
Teu grande poder possamos contemplar.

Deus de avivamento, amor divino,
Tua alegria, em nós, vem lançar.
Derrama teu Espírito como antigamente;
No coração, vem derramá-lo.

Deus de avivamento, salva-nos, te rogamos.
Que não pereça um pobre pecador.
Faze-nos testemunhas de teu poder,
Pois mui humilde é nosso clamor.

O. J. S.

Capítulo 4
PODER DO ALTO

O Espírito Santo é capaz de fazer a Palavra alcançar tanto êxito como nos dias dos apóstolos. Ele pode salvar centenas ou milhares de almas, mas pode também salvá-las uma a uma ou, ainda, de duas em duas. A razão por que não somos mais prósperos é que não contamos com o Espírito Santo entre nós, em poder e energia, como nos tempos primitivos.

Se contássemos com o Espírito para selar o nosso ministério com poder, isso significaria que pouco valor daríamos ao talento humano. Os homens podem ser pobres e sem formação acadêmica, suas palavras hesitantes e gramaticalmente erradas; se nelas, porém, o poder do Espírito estiver soprando, o evangelista mais humilde será mais bem-sucedido do que o mais erudito dos teólogos, ou o mais eloquente dos pregadores.

É o extraordinário poder de Deus, não os talentos humanos, que proporciona a vitória. É da unção espiritual extraordinária que precisamos, não de poderes mentais extraordinários. O poder intelectual pode encher um templo, mas o poder espiritual preenche o vazio da alma angustiada.

O poder intelectual pode atrair numerosa congregação, mas somente o poder espiritual pode salvar almas. Precisamos de poder espiritual (Charles H. Spurgeon).

Se o Espírito estiver ausente, poderá haver sabedoria de palavras, mas não a sabedoria divina; poderá haver manifestação dos poderes da oratória, mas não do poder de Deus; a demonstração da argumentação e da lógica das escolas diversas, mas não a demonstração do Espírito Santo, a lógica convincente de seu resplendor, como a que convenceu Saulo, próximo à porta de Damasco. Quando o Espírito se derramou, todos os discípulos ficaram cheios do poder do alto, e a pessoa menos culta pôde silenciar os contradizentes. As línguas, que desceram como fogo, foram queimando e abrindo caminho, com suas chamas, ultrapassando obstáculos de toda sorte, sopradas por poderosos ventos que varreram florestas (Arthur T. Pierson).

Os ministros do evangelho de fato precisam do poder do Espírito Santo, porque sem ele serão inaptos para o ministério. Nenhum homem é competente para o trabalho do ministério do evangelho mediante apenas suas aptidões e habilidades pessoais, sua erudição e experiência adquiridas dos homens. Sua eficiência vem do poder do Espírito Santo. Enquanto ele não houver sido dotado desse poder, a despeito de todas as suas virtudes e capacidades, será um obreiro totalmente inadequado. É por isso que os próprios apóstolos tiveram de se manter em silêncio, até que do alto fossem revestidos de poder. Competia-lhes esperar em Jerusalém, até que recebessem a promessa do Espírito. Antes disso, não deveriam pregar.

Se os pregadores não tiverem o poder do Espírito Santo, não terão poder algum. Portanto, visto que os ministros do evangelho geralmente não possuem o poder cá de baixo, é necessário que tenham o poder lá do alto. Não tendo o poder terreno, humano, pouco útil, é imprescindível que recebam o poder espiritual, o poder de Deus. Se não tiverem o poder do Espírito Santo, que lhes pode ser dado por Deus, nenhum poder terão (William Dell).

Todavia, quem recebeu em nossa época a unção do alto? Quem já passou por essa experiência? Ela nos foi prometida; é indispensável. Não obstante, continuamos labutando sem ela, trabalhando no vigor da carne, assemelhando-nos aos discípulos que pescaram a noite inteira sem nada apanhar. Uma hora de trabalho, no poder do Espírito, pode realizar mais do que um ano de trabalho na energia da carne. E o fruto permanecerá para sempre. "O que nasce da carne é carne, mas o que nasce do Espírito é espírito" (João 3.6). É o fruto do Espírito Santo que queremos, ouro puro, sem escória, nada menos do que isso. Não daquela espécie que já surge condenada, mas o artigo genuíno que resiste à prova do tempo e da eternidade. Não nos interessa o fruto que encontramos nos cultos de oração e nos cultos dominicais. Será esse o tipo de fruto que estamos produzindo? Há convicção de pecado, e as almas andam na gloriosa liberdade dos filhos de Deus?

Temos realmente o poder do alto? Não estou perguntando se já o "pedimos". Nem se fomos ao campo achando que já o possuíamos. Pergunto se já recebemos de fato o poder, se já passamos por essa experiência. Se não há resultados, é certo que ainda não temos o poder. Se estivermos cheios do Espírito, haverá frutos pela atuação do Espírito. Em nossas reuniões os homens se quebrantarão e chorarão diante de Deus, devido aos seus pecados contra Deus. Vejamos primeiramente os frutos produzidos pelo Espírito, para podermos crer na realidade da unção do alto. "Mas receberão poder..." Quando Pedro recebeu esse poder, quase 3 mil pessoas foram salvas. O mesmo aconteceu no caso de John Smith, Samuel Morris, Charles G. Finney e muitos outros. Sempre houve frutos do Espírito. Essa é a evidência, essa é a prova, não há outro teste. Se pertenço a Deus, e recebi o poder do alto, as almas se compungirão sob o meu ministério de pregação. Caso contrário, nada acontecerá de extraordinário. Seja esse o teste a que se sujeite todo pregador. Por esse padrão é que permanecemos ou caímos.

"Converti-me poderosamente na manhã de 10 de outubro de 1821", escreve Charles G. Finney.

> Na tarde do mesmo dia recebi avassaladores batismos do Espírito Santo, que me trespassaram, conforme me pareceu, o corpo e a alma. Imediatamente me vi dotado de tal poder do alto que algumas poucas palavras, proferidas aqui e ali, a vários indivíduos, foram o meio usado por Deus para levá-los à conversão imediata. Minhas palavras pareciam penetrar como flechas a alma dos homens. Cortavam como uma espada. Despedaçavam os corações como um martelo. Multidões podem dar testemunho quanto a isso. Com frequência, uma palavra dita sem que eu dela me lembrasse depois era bastante para infundir convicção de pecado, geralmente resultando em conversão imediata. Algumas vezes, eu me encontrava quase inteiramente vazio desse poder. Se fizesse uma visita, não deixaria nenhuma impressão salvadora. Se exortava e orava, obtinha o mesmo resultado. Então eu separava um dia para jejum particular e oração, temendo que aquele poder me deixara. Eu perguntava

ansiosamente a Deus qual era a razão daquele aparente vazio. Após humilhar-me e clamar pedindo ajuda, o poder retornava com todo o seu frescor. Essa tem sido a experiência de minha vida.

Esse poder é uma grande maravilha. Por muitíssimas vezes tenho visto pessoas incapazes de resistir ao poder da Palavra. As declarações mais simples e ordinárias tiravam dos homens sua tranquilidade como se fossem uma espada, tirando-lhes o vigor, tornando-os quase tão indefesos como se estivessem mortos. Isso aconteceu várias vezes, essa é minha própria experiência: eu não podia elevar a voz nem proferir quaisquer palavras objetivando oração ou exortação, com vigor, mas apenas de modo muito suave, porque do contrário as pessoas ficavam como se estivessem dominadas. Esse poder parece que algumas vezes permeia a atmosfera da pessoa que dele está fortemente revestida. Muitas vezes, um grande número de cristãos numa cidade se vê revestido desse poder, de tal modo que a própria atmosfera do lugar parece superdotada com a vida de Deus. Pessoas de fora que chegam e passam pela cidade são instantaneamente atingidas pela convicção de pecado e, em muitos casos, convertem-se a Cristo. Quando os cristãos se humilham, reconsagram toda a sua vida a Cristo e pedem esse poder, com frequência recebem o batismo de tal forma que passam a ser instrumentos para a conversão de mais almas, em um único dia, do que jamais conseguiram durante toda a sua vida anterior. Enquanto os cristãos permanecerem suficientemente humildes para reter esse poder, a obra de conversão terá prosseguimento, até que comunidades e regiões inteiras do país se convertam a Cristo. A mesma coisa é verdadeira no caso do ministério.

Onde é que se verifica a angústia de alma dos dias passados, a consciência ferida, as noites insones, os gemidos, os clamores, e horrenda convicção de pecado, os soluços e as lágrimas dos perdidos? Permita Deus que possamos ouvir e ver cenas como essas em nossa geração!

E quem é o culpado dessa ausência? O leitor? Atribuímos essa situação de sonolência espiritual à dureza do coração de quem ouve a Palavra? Será que a falha realmente está ali? Não, meu irmão! A falha é nossa! Nós somos os únicos culpados. Se fôssemos aquilo que deveríamos ser, os sinais ainda acompanhariam nosso ministério, como acontecia nos dias passados. Assim, cada fracasso, cada sermão que deixa de quebrantar o povo, porventura, não nos deveria lançar de joelhos, levando-nos a uma profunda sondagem de coração e profunda humilhação? Jamais culpemos o povo. Se nossas congregações estão frias, a razão é que nós estamos frios. Tal pastor, tal igreja.

Quantos cristãos têm sido despojados do poder em seus testemunhos. Quantos nunca conheceram o poder do Espírito Santo no trabalho que desempenham! O serviço que fazem é ineficaz, e o testemunho que prestam é nulo e vazio; pouco ou nada realizaram em favor de Deus. Passaram por toda a movimentação necessária e, às vezes, são extremamente ativos, mas tudo fazem na energia da carne, pelo que deles não resulta nenhum fruto espiritual. Almas não são salvas, tampouco os cristãos são edificados e firmados na fé. A pregação deles não produz fruto, o seu ministério é um fracasso assombroso. Que desapontadora experiência a deles!

Entretanto, damos graças a Deus porque não é necessário que as coisas sejam assim. "Mas receberão poder [...]" é a promessa do Senhor. E o seu mandamento determina: "[...] mas fiquem na cidade, até serem revestidos do poder do alto" (Atos 1.8 e Lucas 24.49).

O texto de Atos 1.8, diz: "Mas receberão poder quando o Espírito Santo descer sobre vocês [...]". Portanto, a unção ou transmissão de poder é o resultado produzido pelo Espírito Santo ao descer sobre o cristão, a fim de equipá-lo para o serviço cristão.

Essa unção só pode ser recebida em meio às angústias de alma e profunda agonia em oração. As noites e os dias de oração agonizante em prol da alma dos homens, as horas incontáveis de intercessão, como vemos na vida de David Brainerd, os tremendos conflitos com os poderes espirituais das trevas, a tal ponto de o corpo ficar molhado de suor — coisas tão comuns para John Smith —, tudo isso é algo que ultrapassa em muito o moderno ensino teológico. Mas é a única coisa capaz de produzir frutos, e realizar a obra a que nos estamos referindo.

Só depois dessas horas de oração prevalecente é que saímos para trabalhar, agora dotados da unção do alto, brandindo a espada do Espírito com efeito terrível. A oração é o segredo. Não há substituto para a oração. E para uma tarefa tão especial faz-se necessária uma unção muito especial. Não se trata meramente de nos rendermos e de crermos agora. Ah! Os gloriosos resultados sobrenaturais de que estou falando não são obtidos assim tão facilmente. Têm seu preço, e esse preço é altíssimo.

"Chegando o dia de Pentecoste, estavam todos reunidos num só lugar." Oração intensa, oração conjunta, oração perseverante, essas são as condições. Uma vez que essas condições sejam cumpridas, certamente seremos "revestidos do poder do alto". Jamais deveríamos esperar que o poder caia sobre nós simplesmente porque uma vez nos despertamos e resolvemos solicitá-lo. Nenhuma comunidade cristã tem o direito de esperar grandes manifestações do Espírito de Deus, se não estiver pronta a se unir em súplicas "todos reunidos num só lugar", esperando e orando como se todos esperassem a mesma bênção.

É somente esperando diante do trono da graça que nos tomamos imbuídos do fogo santo. Todo aquele que espera longa e confiantemente ficará envolto nesse fogo e sairá de sua comunhão com Deus exibindo os sinais de onde esteve. Para o cristão individual e, acima de tudo, para cada obreiro da seara do Senhor, a única maneira de adquirir poder espiritual é mediante a espera secreta perante o trono de Deus, aguardando o batismo do Espírito Santo.

Por conseguinte, se você deseja que sua alma fique incendiada com o fogo de Deus, de forma que aqueles que se aproximarem de você sintam uma tremenda influência, você terá de aproximar-se, ficar bem perto da fonte desse fogo até às cercanias do trono de Deus e do Cordeiro, isolando-se inteiramente do mundo, que num segundo pode furtar-nos o fogo espiritual. Entre em seu aposento, feche a porta e, ali, isolado de todos, diante do trono da graça, espere pelo batismo. Então, o fogo do céu haverá de enchê-lo. Somente assim é que você não trabalhará motivado por suas próprias forças, a fim de demonstrar sua habilidade e, sim, conforme Paulo menciona em 1Coríntios 2.4, para demonstrar o "poder do Espírito" (William Arthur).

Existem muitos cristãos dotados de uma falsa experiência. Julgam possuir a unção, quando a verdade é inteiramente outra. Tudo quanto posso dizer com referência a eles é que as evidências, as provas, não se manifestam neles. Se estivessem de posse dessa unção, apresentariam os mesmos frutos concedidos àqueles que foram verdadeiramente ungidos. Se fossem reais todos os pretensos batismos e todas as pretensas plenitudes do Espírito Santo nas modernas convenções dos cristãos, o mundo inteiro já estaria em chamas. Sim, basta que um homem ou uma mulher receba a unção do alto para que aldeias e vilas e cidades, por muitos quilômetros ao seu redor, sejam sacudidas por um poderoso reavivamento espiritual. O resultado, ou os frutos, seriam as milhares de almas conduzidas a Cristo, depois da convicção de pecado. As pessoas se prostrariam, clamando por misericórdia. A prova da unção está nos frutos, que são os resultados. A evidência de que o Espírito que estava em Elias caiu sobre Eliseu foi o fato de que, quando ele feriu as águas do rio Jordão, estas se dividiram.

Por qual razão é tão difícil obtermos a unção do alto? Talvez você faça essa pergunta. Sim, por quê? Porque Deus não derrama seu Espírito sobre a carne em pecado. É necessário que, primeiramente, Deus aja em nós, e geralmente isso exige muito tempo, visto que não permitimos que o Senhor tenha livre ação em nossa vida. A paixão pela nossa própria fama, nosso amor ao louvor dos homens, ou qualquer outro obstáculo pecaminoso desse tipo, bloqueia a ação divina em nós. Se o Espírito não consegue nos humilhar e nos quebrantar, vê-se impossibilitado de agir em nós, porque não nos submetemos totalmente.

Talvez o motivo seja que Deus não nos pode conferir tão grande honra. Ele sabe que levaríamos ao naufrágio tão grande experiência. Oh, os entristecedores e melancólicos exemplos de homens e mulheres que um dia, no passado remoto, foram poderosamente usados para trazer avivamento espiritual e que, sob a unção do Espírito, conduziram centenas de almas a Deus. Mas depois eles perderam essa bênção preciosa; e continuaram a trabalhar, porém, na força da carne, realizando pouco ou nada! Tiraram todo o valor da unção. Tornaram-se soberbos e orgulhosos. Permitiram que algum pecado que lhes parecia ínfimo penetrasse sua vida. O Espírito Santo se entristeceu e, à semelhança de Sansão, nos dias antigos, viram-se despidos de todo o vigor espiritual. Houve tempo em que, quando pregavam, as almas clamavam em alta voz implorando misericórdia, tomadas de tremenda convicção de pecado. Agora, tais pregadores pregam e exortam. Mas os cultos são frios, e apenas um punhado de indivíduos responde aos apelos, que sequer são fruto do Espírito Santo.

Resta-nos tão somente inserir os testemunhos de alguns que receberam o revestimento de poder do alto, para que fiquemos convencidos da realidade dessa experiência. Ora, se Deus pôde conferi-la a duas ou três dúzias de cristãos, então pode concedê-la a todos nós. Escreveu Evan Roberts:

> Durante treze anos orei pedindo o Espírito. E foi dessa maneira que me senti impelido a orar nesse sentido. William Davies, o diácono, disse certa noite, no culto: "Lembra-te de ser fiel. Que farias se o Espírito descesse e estivesses ausente? Não te esqueças de Tomé! Como foi grande a perda de Tomé!".
>
> Então, disse eu para mim mesmo: "Receberei o Espírito". Ao longo de toda sorte de circunstâncias adversas e a despeito de todas as dificuldades, eu não faltava às reuniões. Por muitas vezes, ao ver outros rapazes fraquejando, demonstrando inconstância, sentia-me tentado a unir-me a eles também. Ora, essa não!, disse eu a mim mesmo: "Recorde-se da resolução que você tomou". E assim prossegui. Frequentei fielmente as reuniões de oração, durante os dez ou onze anos em que orei pedindo um reavivamento. Foi o Espírito que me impeliu a agir assim.

Em uma daquelas reuniões em que Evan Roberts esteve presente, o evangelista, em uma de suas petições, rogou que o Senhor "os vergasse". Então pareceu a Evan Roberts que o Espírito lhe dizia: "É disso que precisas: ser vergado". É assim que Roberts descreve a sua experiência:

> Senti uma força viva inundando o meu peito. Essa força foi se expandindo cada vez mais, até me parecer que estava prestes a explodir. Meu peito fervia. E o que fervia em mim era aquele versículo que diz: "Mas Deus demonstra seu amor por nós". Caí de joelhos com os braços apoiados sobre o assento da cadeira à minha frente; lágrimas e suor fluíam livremente. Cheguei a pensar que estava perdendo sangue.

Alguns de seus amigos se aproximaram para enxugar-lhe o rosto. Nesse momento ele clamava: "Oh, Senhor, verga-me! Verga-me!". E então, subitamente, a glória irrompeu.

Acrescenta Evan Roberts:

> Depois de eu ter sido vergado no íntimo, invadiu-me uma onda de paz, enquanto o auditório pôs-se a cantar: "Ouço tua saudação de boas-vindas". E, enquanto cantavam, pensei em que todos teriam de vergar-se diante de Deus no dia de juízo, e senti-me enternecido, cheio de compaixão por aqueles que teriam de vergar-se naquele dia, e chorei.
>
> Daquele dia em diante, a salvação das almas se tornou a grande paixão de meu coração. A partir daquele dia incendiava-me o desejo de atravessar todo o País de Gales; e, se fosse possível, estava disposto a pagar a Deus pelo privilégio de trabalhar para ele.

Essa foi a experiência de Evan Roberts, o instrumento que Deus honrou ao usá-lo para a realização de um grande reavivamento no País de Gales. Ouçamos, em seguida, os testemunhos de João Wesley e de Christmas Evans:

> Eram cerca das 3 horas da madrugada, e continuávamos em intensa oração, quando o poder de Deus caiu poderosamente sobre nós, de tal forma que muitos clamavam, movidos de excessiva alegria, enquanto outros caíam ao chão. Tão logo nos recuperamos um pouco do tremendo temor, à face do respeito e da reverência devidos por quem está na presença da Majestade Divina, irrompemos em uma só voz: "Louvamos-te, ó Deus, e reconhecemos que só tu és o Senhor" (John Wesley).

> Eu estava espiritualmente exausto. Meu coração estava frio diante de Cristo e seu sacrifício, bem como diante da obra de seu Espírito. Meu coração parecia gelado no púlpito, nas orações secretas e nos meus estudos bíblicos. Quinze anos antes, eu sentira o coração queimar por dentro, como se eu estivesse dirigindo-me a Emaús, na companhia de Jesus.
> Certo dia, que para mim será sempre inesquecível, ao ir na direção de Caer Idris, entendi que pesava sobre mim a responsabilidade de orar, por mais endurecido que meu coração estivesse e por mais mundano que estivesse o meu espírito. Mas, tendo começado a orar em nome de Jesus, em breve foi como se as algemas se afrouxassem, como se a velha dureza de meu coração se abrandasse e como se as montanhas de gelo se dissolvessem em meu interior.
> Isso gerou confiança em minha alma, quanto à promessa do Espírito Santo. A minha alma se sentia libertada

de pesada servidão; lágrimas corriam copiosamente, e sem constrangimento pus-me a chorar e clamar pela graciosa visitação de Deus. Que ele restaurasse em minha alma a alegria da salvação. Que ele visitasse também as igrejas, os meus irmãos. Orei por quase todos os ministros da região, citando-os pelos nomes.

Minha luta durou três horas. O Espírito me sobrevinha várias vezes em sequência, como ondas após ondas, ou como uma grande maré impelida por forte vento, um maremoto, até que me senti enfraquecido de tanto chorar e clamar. E foi dessa maneira que me entreguei totalmente a Cristo, de corpo e alma. Meus dons e talentos — minha vida inteira — cada dia e cada hora que me restassem aqui na Terra seriam de Cristo (Christmas Evans).

Foi a partir dessa ocorrência que Christmas Evans começou a trabalhar com poder e zelo renovados, como se tivesse sido fortalecido por um novo espírito, com poder "no íntimo" (Efésios 3.16). Novas e singulares bênçãos desceram para coroar seus esforços. Em dois anos, seus dez pontos de pregação em Anglesea se multiplicaram por dois, agora eram vinte. E seiscentos novos convertidos foram adicionados à igreja sob os seus cuidados.

Quem me dera do Espírito o poder,
A unção que nos dá o Senhor!
Quem me dera a chuva conhecer,
Da plenitude do divino amor!

Essa é nossa grande precisão,
Nada mais poderá prevalecer,
Razão por que imploramos essa unção,
Sem a qual não podemos vencer.

Nossos delitos confessamos.
A Deus nos rendemos de vez.
Na sua bênção inteiramente confiamos,
Queremos vê-la com plena limpidez.

E assim nos entregamos à oração,
Para que Deus nos venha responder.
Preparamos o nosso coração,
Para receber seu pleno poder.

Os homens se voltarão ao Calvário
Com corações ardentes de aflição.
O sangue será nosso temário,
Nosso lema será a salvação.

O. J. S.

Capítulo 5
CONVICÇÃO DE PECADO

Nos grandes reavivamentos espirituais do passado, uma profunda e autêntica convicção de pecado sempre ocupou lugar de preeminência. Esse é um dos elementos vitais que, lamentavelmente, deixou de existir em nossos dias.

Sempre que se manifesta a genuína convicção de pecado, não há necessidade de exortar, de repreender, de instar ou pressionar na força da carne. Os pecadores se dobram sem serem forçados a dobrar-se. E humilham-se porque não podem agir de outro modo. Voltam para suas casas, após terem estado nos cultos em que o evangelho foi pregado, incapazes de comer ou de dormir, em face da profunda convicção de pecado. Não precisam ser repreendidos nem exortados a buscar alívio para as suas almas.

Nas modernas campanhas de evangelização, os evangelistas apelam ao povo para que aceitem a Cristo. Estão certos. Têm razão. Mas, que maravilha se pudéssemos ouvir os pecadores clamando a Cristo para que os aceitasse! Hoje em dia os homens olham a salvação com atitude de frieza, de formalidade, quase automaticamente, como se estivessem tratando de um negócio. Até parece que estão prestando a Deus um favor, ao condescenderem em receber sua oferta de redenção. Seus olhos permanecem enxutos e a consciência aguda de pecado pessoal jamais se lhes manifesta. Não se percebe nenhum sinal de arrependimento e contrição. Reputam tudo que fazem como atos de intrepidez pessoal. Quão diferente seria a cena se tivessem sido tocados pela convicção de pecado! Se eles se achegassem com o coração quebrantado e contrito, com o clamor próprio de almas sobrecarregadas de culpa: "[...] 'Deus, tem misericórdia de mim, que sou pecador'" (Lucas 18.13). Que maravilha se viessem trêmulos, com a alma em chamas, e a indagação de vida ou morte, a exemplo do carcereiro filipense: "Senhores, que devo fazer para ser salvo?" (Atos 16.30). Seriam então autênticos convertidos!

Se quisermos produzir frutos mediante o Espírito Santo, Deus terá de primeiramente preparar o terreno. O Espírito Santo deverá convencer de pecado os pecadores, antes que eles possam crer de verdade. É certo recomendar aos homens que creiam, desde que Deus já tenha executado sua obra em seus corações. Antes de tudo, é preciso que sintam suas próprias necessidades. Esperemos, portanto, até que o Espírito de Deus complete a sua parte, antes que preguemos a doutrina que diz: "Creia no Senhor Jesus, e serão salvos [...]" (Atos 16.31). Esperemos, primeiramente, ver os sinais de convicção de pecado, como aconteceu no caso do carcereiro de Filipos. E, quando a angústia dos pecadores for tão *profunda* que se vejam forçados a clamar em altos brados: "que devo fazer para ser salvo?", saberemos que estão prontos para ouvir nossa palavra. Poderemos exortá-los a que confiem e exerçam fé em Cristo.

Existe outro evangelho bastante popular nos dias atuais que parece excluir a convicção de pecado e o arrependimento do plano de salvação. Tal evangelho requer do pecador o mero assentimento intelectual de sua culpa e pecaminosidade. Paralelamente, que haja um assentimento semelhante, de ordem intelectual, quanto à suficiência da expiação realizada por Cristo. Uma vez dado esse assentimento, o pecador que vá para casa em paz e feliz, com a certeza de que o Senhor Jesus acertou tudo com Deus, no que concerne à sua alma. Assim é que os pregadores clamam: "Paz! Paz!", quando não há paz.

Conversões superficiais e falsas, dessa espécie, podem ser uma explicação, entre outras, da existência de tantos indivíduos que se dizem crentes convertidos, mas desonram a Deus e trazem vergonha para a igreja. Vivem de modo incoerente com a fé que professam, em razão de se deleitarem no mundanismo e no pecado. É necessário que o pecado seja profundamente sentido, antes de poder ser lamentado. Os pecadores devem sentir tristeza, antes de receber consolo. As verdadeiras conversões eram comuns antigamente, e voltarão a ser assim, quando a igreja sacudir-se e atirar para longe sua letargia, apegando-se ao poder de Deus, o antigo poder do Espírito, que vem do alto. Então sim, como no passado, os pecadores estremecerão ante o terror do Senhor (J. H. Lord).

Pensaríamos em chamar um médico sem que estivéssemos doentes? Exortamos aqueles que estão em pleno vigor e em boa saúde para que se apressem a consultar um médico? O atleta que nada com perfeição porventura implora ao povo que está na praia que venha salvá-lo de afogamento, se nem molhou os pés na água do mar? Claro que não! No entanto, basta que a enfermidade seja descoberta para, imediatamente, sentirmos necessidade de procurar um médico. Só então sabemos que tratamento seguir ou que medicamento tomar. E, quando o imprudente nadador se vê exausto e prestes a desaparecer no turbilhão das águas, ao perceber que vai morrer afogado, não se demora em pedir socorro. A pessoa que está se afogando passa por momentos de terrível agonia, sabendo que, se o socorro não chegar imediatamente, ela certamente perecerá.

O mesmo acontece à alma que perece. Quando alguém se convence de modo absoluto de sua condição de perdido, põe-se a clamar na amarga angústia de seu coração: "O que devo fazer para ser salvo?". Não é necessário exortação nem incentivo. Para o pecador convicto, salvar-se torna-se a maior questão, caso de vida ou morte; e ele estará pronto a fazer qualquer coisa, contanto que seja salvo.

É exatamente essa falta de convicção de pecado que resulta em reavivamentos espúrios, e que frustra a obra inteira de evangelização. Uma coisa é levantar a mão e assinar um cartão de decisão, mas outra, inteiramente diferente, é estar realmente salvo. As pessoas precisam ser libertas de modo total e permanente, para que passem a desfrutar a eternidade com Deus. Uma coisa é contar cem convertidos professos, empolgados durante uma campanha evangelística; outra bem diferente é voltar ali, cinco anos mais tarde, e encontrar esses convertidos ainda firmes no Senhor.

John Bunyan compreendeu isso muito bem quando criou a personagem de nome Cristão, com uma pesada carga de pecado às costas, e descreveu a luta da alma até livrar-se de seu fardo, ao pé da cruz.

Deus valorizou bem sua Palavra. Ele a chama de "fogo", "martelo" e "espada". Ora, o fogo queima. Um golpe de martelo fere, esmaga. Um golpe de espada corta e provoca muita dor. Quando a Palavra de Deus é proclamada no poder e na unção do Espírito, serão esses exatamente os resultados. Queimará como fogo, despedaçará como um martelo e trespassará como uma espada. A dor, tanto espiritual como psíquica, será tão severa e real quanto a dor física. Caso contrário, há algo errado com a mensagem ou com o mensageiro.

Se porventura uma pessoa que houvesse cometido um crime horrendo fosse presa de repente, se sua culpa fosse firmemente impressa sobre sua consciência, por algum mensageiro da justiça, na linguagem incisiva das Santas Escrituras: "Tu és esse homem", seria perfeitamente natural que o culpado empalidecesse, que sua fala hesitasse, que tremesse e apresentasse todos os sintomas de autêntica agonia e aflição. Quando Belsazar, o orgulhoso monarca assírio, viu a aparição da mão de um homem escrevendo no reboco da parede de seu palácio, "Seu rosto ficou pálido, e ele ficou tão assustado que os seus joelhos batiam um no outro e as suas pernas vacilaram". Tais sintomas de medo jamais foram considerados fenômenos milagrosos, fora do natural. Por que, então, alguns julgam estranho quando veem pecadores despertados com poder pelo Espírito de Deus, profundamente convencidos da enormidade dos seus crimes? Tão convictos de culpa, a ponto de entenderem que de fato correm o perigo de subitamente serem precipitados nas profundezas do lago de fogo? Tão convictos que imaginam que o inferno vem ao seu encontro desde as profundezas do abismo. Por que alguns indivíduos julgam antinatural que tais pessoas manifestem sintomas da mais alarmante aflição e perturbação íntima? (Memórias de William Bramwell).

"Ia pelo meio o sermão quando um homem soltou um grito. Prostrei-me a fim de orar, pois não me era mais possível continuar pregando, devido aos clamores e lágrimas por todo o templo" (T. Collins).

Um quacre que estava de pé, nas proximidades, demonstrava estar bastante desgostoso com a "dissimulação" daquelas criaturas, pois, mordia os lábios e franzia o cenho. Subitamente ele caiu por terra como que ferido por um raio. A agonia que sentiu era demonstrada numa cena terrível de se contemplar. Rogamos ao Senhor que não lançasse sobre o homem a acusação de loucura espiritual; não demorou muito ele levantou a cabeça e disse em alta voz: "Agora sei que você é um profeta do Senhor" (John Wesley).

J. H. era um homem de vida e conversa regulares. Constantemente participava do culto e da santa ceia, mostrava-se zeloso pela igreja e declarava-se contrário aos que se afastavam dos trabalhos devocionais. Ele foi informado de que as pessoas caíam em convulsões estranhas em nossas reuniões; então, veio verificar e julgar por si mesmo.

Estávamos voltando para casa quando alguém veio ao nosso encontro na rua e informou-nos de que J. H. parecia um louco. Preparava-se para jantar, e desejou terminar primeiro a leitura de um sermão que pedira emprestado, sobre o tema salvação pela fé. Ao ler a última página, o cidadão amarelou, caiu da cadeira e pôs-se a gritar terrivelmente, debatendo-se no chão.

Os vizinhos alarmaram-se e reuniram-se em sua casa. Demorei cerca de duas horas para chegar e, quando entrei na casa, encontrei J. H. ainda estatelado no chão. O quarto estava repleto de curiosos que sua esposa teria preferido expulsar de imediato. Mas o homem dizia em altos brados: "Não! venham todos! Que o mundo inteiro veja o julgamento de Deus!

Dois ou três homens tentavam em vão segurá-lo com delicadeza. Logo ele fixou os olhos em mim e, estendendo um braço, clamou: "Sim, este é o homem de quem eu disse ser um enganador do povo. Mas Deus me feriu. Eu disse que era tudo uma ilusão. Mas não se trata de ilusão nenhuma".

Todos nós ali nos pusemos a orar. As dores do cidadão cessaram, e tanto o seu corpo como a sua alma foram libertados (John Wesley).

O poder de Deus parecia ter descido sobre a assembleia como um vento poderoso e impetuoso e, com uma energia espantosa, derrubava todos que se achavam à sua frente. Fiquei ali de pé, admirado com aquela força que havia apanhado o auditório inteiro. Eu não a pude comparar com outra coisa mais apropriada do que a força irresistível de uma poderosa torrente, ou de um dilúvio que invade e que, com seu peso e pressão insuportáveis, vai derrubando e varrendo tudo à sua frente, todas as coisas que estiverem em sua trajetória. Pessoas de quase todas as idades foram atingidas pelo fenômeno, e só com muita dificuldade alguém poderia resistir ao ímpeto desse surpreendente turbilhão. Homens e mulheres idosos, viciados no álcool por muitos anos, jovens, adolescentes, bem como crianças pequenas, de não mais que 6 ou 7 anos de idade, foram todos tomados de tremenda agonia de alma.

Os corações mais empedernidos se abrandaram, humilhados. Um dos principais líderes entre os índios, que sempre se sentira perfeitamente seguro de si mesmo, e justo aos seus próprios olhos, achava que era excelente a situação de sua alma, só porque sabia mais do que os demais índios em geral. Ainda no dia anterior me dissera com grande autoconfiança que era cristão havia mais de dez anos. Ei-lo, entretanto, agora: Sentia tremenda ansiedade pela situação de sua própria alma, e chorava em desespero. Outro homem, de idade avançada, que fora assassino, feiticeiro e alcoólatra famigerado, agora, de modo semelhante, clamava pedindo misericórdia em meio a abundantes lágrimas. Clamava dizendo não ter fim seu desespero, à face da enormidade de seu pecado e de sua culpa.

Quase todos os presentes estavam orando e rogando a Deus por misericórdia, em toda parte da casa, e ainda havia muitos do lado de fora, além dos que sequer podiam ir embora. Alguns nem mesmo conseguiam ficar de pé. A aflição de cada um era de tal intensidade, cada um clamando por si mesmo, que ninguém parecia fazer caso de quem estivesse ao seu lado. Antes, cada pecador clamava abertamente por misericórdia para si mesmo (David Brainerd).

O templo estava repleto, com excesso de pessoas. A Palavra de Deus era pregada de forma viva e poderosa. Inúmeras pessoas, compungidas no coração, na agonia da convicção de pecado, clamavam ruidosamente por misericórdia. Após o sermão, seguiu-se um tempo dedicado à oração. À meia-noite os penitentes, cheios de arrependimento, ainda estavam de joelhos, determinados a implorar e rogar até que suas petições fossem atendidas. Às vezes, uma ou outra pessoa encontrava a paz, pela fé, e se retirava. Outras pessoas, cujo coração se tinham compungido, tomavam os lugares antes ocupados pelas que haviam saído. Tão intenso foi o despertamento que, embora o comendador Brooke já tivesse ido embora, o povo alarmado e em lágrimas, não podia ser convencido a afastar-se do templo. Durante aquela noite toda, e mais o dia e a noite seguintes, aquele culto de oração continuou sem interrupção. Calcula-se que mais de cem pessoas tenham se convertido. Muitos dos que antes já se declaravam cristãos, foram revivificados e se entregaram novamente a Deus, mediante uma consagração mais completa (*Memórias do Comendador Brooke*).

Estando eles ocupados em oração, dois daqueles que haviam chegado foram espiritualmente despertados e começaram a clamar pedindo misericórdia (William Carvosso).

Estando eu a orar, o poder de Deus sobreveio. Então, ele e seu companheiro penitente foram atingidos em cheio, no íntimo do coração, e puseram-se a chorar e a clamar em voz alta por causa da tristeza dos seus pecados (William Carvosso).

Quando a convicção de pecado, no que diz respeito ao seu processo mental, atinge o ponto de crise, a pessoa sente grande prostração. Torna-se incapaz de ficar de pé, e vê-se obrigada a ajoelhar-se ou sentar-se. Grande número de pessoas desta cidade e das cidades vizinhas, e também outras, vindas da região norte, onde prevalece o reavivamento, quando convictas de pecado são "derrubadas por terra". Caem de repente. E ficam prostradas em grande debilidade, impotentes, paralisadas como se tivessem sido instantaneamente mortas por um disparo de arma de fogo. Caem ao chão com um gemido profundo. Algumas com um grito selvagem de terror. A maior parte das pessoas cai com um intenso grito nos lábios: "Senhor Jesus, tem misericórdia de minha alma". A pessoa toda treme como se fosse reles folha seca. Um peso horrível parece esmagar-lhe dolorosamente o peito. Há uma sensação de sufoco. Só há alívio mediante orações fervorosas, aos brados, nos clamores em altas vozes, pedindo a Deus libertação. Em geral essa aflição espiritual e física continua até que a pessoa deposite certo grau de confiança em Cristo. É quando a aparência da pessoa, seu tom de voz e gestos se alteram, com alívio. O aspecto de angústia, de franco desespero, muda para o de gratidão, de triunfo e adoração. A linguagem e o aspecto horrendos, o tremendo conflito íntimo, a autodepreciação desesperada tudo isso proferido em alta voz, sublinhada pelo terror, demonstra de modo muitíssimo convincente, como as próprias pessoas têm testemunhado, que elas estavam engajadas num conflito mortal com a antiga serpente. O suor corre abundante pelo corpo da vítima. Os cabelos ficam ensopados. Algumas pessoas enfrentam essa batalha cansativa diversas vezes; outras, uma única vez. Não têm apetite. Algumas nada comem por vários dias. Tampouco podem conciliar o sono, ainda que se deitem de olhos fechados (Reavivamento da Irlanda, em 1859).

O poder do Espírito do Senhor se manifestou com tanta força em sua alma, a ponto de arrastar tudo à sua frente, como um furacão súbito, à semelhança do vento impetuoso do dia de Pentecoste. Alguns gritavam em agonia. Outros — dos quais alguns homens de físico vigoroso — caíam ao chão, como que mortos. Senti-me forçado a recitar um salmo, mas minha voz se misturou às lamentações e aos gemidos dos muitos prisioneiros que clamavam ansiando por livramento (William Burns).

Todo reavivamento sempre inclui convicção de pecado por parte da igreja. Aqueles que se dizem cristãos, mas na verdade são falsos cristãos, não podem adorar ao Senhor sem que primeiro o coração lhes seja profundamente perscrutado. É necessário que sejam alquebradas as fontes originárias do pecado. Em todo verdadeiro reavivamento, os cristãos sempre recebem tremenda convicção de pecado. Veem seus pecados sob uma luz tal, que com frequência acham impossível alimentar alguma esperança de serem aceitos diante de Deus. É verdade que nem sempre a crise chega a esse ponto extremo. Mas em todo reavivamento espiritual genuíno instaura-se profunda convicção de pecado. São muito comuns os casos em que os pecadores abandonam toda esperança (Charles G. Finney).

Salva, Senhor, peço-te com insistência,
    convence e salva do inferno o pecador.
Quebranta corações, concede-lhe penitência.
    Vem, Espírito, atraí-los ao Salvador.

Derrama o Espírito, peço-te, Senhor;
Permite agora que ele venha e cure
O rico e o pobre, o ignorante e o doutor.
Que seu destino eterno se assegure.

Que maior aflição e horrenda agonia
Sobrevenham agora ao povo, a cada um.
Que se salvem pelo sangue, com alegria.
Que não retenham delito algum.

Salva, Senhor, salva os perdidos,
Antes da volta gloriosa de Jesus.

Espírito, convence os meus queridos,
Para que todos venham à Luz.

Espírito de Deus, não vás embora,
Nem deixes o pecador impenitente morrer.
Se a morte se aproxima, mesmo agora,
Ouve este teu servo. Vem me socorrer.

O. J. S.

Capítulo 6

OBSTÁCULOS AO REAVIVAMENTO

Só há um obstáculo que pode bloquear o canal de bênçãos e frustrar o poder de Deus. Esse empecilho chama-se PECADO. O pecado é a grande barreira. Só o pecado pode impedir a atuação do Espírito e barrar o reavivamento espiritual. "Se eu acalentasse o pecado no coração, o senhor não me ouviria" (Salmo 66.18). E no texto de Isaías 59.1,2 encontramos essas significativas palavras: "[...] O braço do Senhor não está tão encolhido que não possa salvar, e o seu ouvido tão surdo que não possa ouvir. Mas as suas maldades separam vocês do seu Deus; os seus pecados esconderam de vocês o rosto dele, e por isso ele não os ouvirá". Aí está, pois, a grande barreira: o pecado. É preciso derrubá-la. Não há outra alternativa. Não pode haver a menor transigência com o pecado. Deus não operará enquanto houver iniquidade encoberta.

Lemos, na passagem de Oseias 10.12: "Semeiem a retidão para si, colham o fruto da lealdade, e façam sulcos no seu solo não arado; pois é a hora de buscar o Senhor, até que ele venha e faça chover justiça sobre vocês". E em 2Crônicas 7.14 é dada uma promessa de bênção. Aqui ela se baseia em condições inalteráveis: "[...] se o meu povo, que se chama pelo meu nome [...]", declara o Senhor Deus, "[...] se humilhar, e orar, buscar a minha face e se afastar dos seus maus caminhos, dos céus o ouvirei, perdoarei o seu pecado e curarei a sua terra". Por isso, nada menos que um coração quebrantado em vista do pecado, nada senão completa confissão e restituição, será capaz de satisfazer a Deus. O pecado tem de ser totalmente abandonado.

Está em foco não somente a tristeza por causa das consequências do pecado e da punição imposta contra o pecado, mas o próprio pecado em si, pois é crime de lesa-divindade, gravíssima ilegalidade cometida contra Deus. O inferno é feito de remorso, por causa do castigo ali recebido. Não há autêntica contrição, nem verdadeiro arrependimento. O homem rico não proferiu uma única palavra denotativa de tristeza em face de seus pecados contra Deus (ver Lucas 16.29,30). Davi, embora culpado tanto de homicídio quanto de adultério, viu seu pecado como se fora cometido exclusivamente contra Deus (ver Salmo 51.4). O remorso não é a verdadeira tristeza que conduz ao arrependimento. Judas, embora despedaçado pelo remorso, jamais se arrependeu.

Ora, só Deus é poderoso para nos proporcionar um coração contrito e quebrantado, bem como a tristeza que resulta em confissão e abandono do pecado. E coisa alguma inferior a isso pode ser suficiente. "Os sacrifícios que agradam a Deus são um espírito quebrantado; um coração quebrantado e contrito, ó Deus, não desprezarás" (Salmo 51.17). "Quem esconde os seus pecados não prospera, mas quem os confessa e os abandona encontra misericórdia" (Provérbios 28.13). "Mas reconheça o seu pecado: você se rebelou contra o Senhor, o seu Deus [...]" (Jeremias 3.13).

É muito comum que vejamos pessoas se ajoelhando perante o altar, invocando a Deus com aparente e profunda angústia de coração, as quais, no entanto nada recebem do Senhor. E também é experiência comum que grupos de pessoas se reúnam para noites de oração, pedindo a Deus que o reavivamento venha; no entanto, suas orações não são respondidas. Qual é a dificuldade? Onde está o obstáculo? Permitamos que a Palavra de Deus nos forneça a resposta: "[...] as suas maldades separaram vocês do seu Deus; os seus pecados esconderam de vocês o rosto dele, e por isso ele não os ouvirá" (Isaías 59.2). Dessa maneira, a primeira coisa que nos convém fazer é descobrir os nossos pecados. A seguir, compete-nos endireitar os nossos caminhos tortuosos, remover-lhes as pedras e os espinhos. Somente depois disso é que poderemos rogar, movidos por fé e grande expectativa, que nos sejam derramadas muitas chuvas de bênçãos.

Ora, é absolutamente necessário que erradiquemos os nossos pecados, um por um, eliminando cada um deles separadamente. Para tanto, façamos a nós mesmos as perguntas discriminadas a seguir. É possível que sejamos culpados de alguns desses delitos, e que Deus fale ao nosso coração.

Tenho *perdoado* a todos? Há em mim alguma malícia, algum despeito ou ódio, violenta inimizade em meu coração? Conservo ressentimentos ou tenho recusado a reconciliar-me com alguém?

Fico *irado*? Em meu peito ferve a cólera? É verdade que ainda perco a paciência? A ira, ocasionalmente, me arrasta por onde ela bem entende?

Há algum resquício de *inveja* em mim? Quando alguém é preferido, e eu desprezado, sinto-me degradado, cheio de despeito? Tenho inveja daqueles que sabem orar, falar ou fazer muitas coisas melhor do que eu?

Perco a *paciência* e fico *irritado*? As pequeninas coisas me irritam e aborrecem? Ou antes me mantenho sempre gentil, calmo e imperturbável em todas as circunstâncias?

Sinto-me *ofendido* com facilidade? Quando os outros deixam de notar minha presença ou passam por mim sem dirigir-me a palavra, fico ofendido? Se a outros é atribuída grande honra, ao passo que eu sou negligenciado, como me sinto?

Há algum *orgulho* em meu coração? Fico soberbo? Dou excessiva importância a minha posição e realização pessoal?

Tenho sido *desonesto*? Meus negócios são francos e estão acima de suspeitas? Nosso metro tem cem centímetros e nosso quilograma tem mil gramas? Trabalho oito horas honestamente? Pago um salário honesto a meus empregados?

Tenho sido *bisbilhoteiro*? Fiz fofoca de meu próximo com alguém? Tenho caluniado o caráter alheio? Ajudei a espalhar histórias falsas sobre outras pessoas e me intrometo nas questões alheias?

Critico os outros sem amor, com violência e perversamente? Vivo encontrando faltas nos outros?

Roubo a Deus? Tenho roubado o tempo que pertence a ele? Tenho-lhe sonegado o dízimo?

Sou *mundano*? Amo o resplendor, a pompa e a imodéstia do mundo?

Tenho *furtado*? Porventura tenho me apossado às ocultas de pequenas coisas que não me pertencem?

Cultivo uma atitude de *amargura* contra os outros? Há ódio em meu coração?

Minha vida se caracteriza pela *frivolidade*? Minha conduta é inconveniente? Por causa de minhas ações, o mundo me considera um dos seus?

Tenho *enganado* a alguém e deixado de fazer *restituição*? Deixei-me escravizar pelo espírito de Zaqueu antes da conversão? Ou, como Zaqueu convertido, estou devolvendo as coisas — pequenas e grandes, pertencentes a outrem? Devo restaurar o ferido, desfazer o mal, reparar tudo que Deus me mostrou.

Mostro-me *preocupado* ou ansioso? Tenho deixado de confiar em Deus quanto a minhas necessidades temporais e espirituais? Vivo pensando nas dificuldades, antes mesmo de elas surgirem no horizonte?

Tenho sido culpado de *pensamentos sensuais*? Permito que a minha mente acolha imaginações impuras e ímpias?

Sou *veraz* no que digo ou, antes, exagero as coisas, ou as diminuo, e assim transmito impressões falsas? Tenho sido mentiroso?

Sou culpado do pecado de *incredulidade*? A despeito de tudo quanto Deus tem feito por mim, continuo recusando-me a confiar em sua Palavra? Sou dado a murmurações e queixumes?

Tenho cometido o pecado de *negligência* na oração? Oro pelos outros? Quanto tempo dedico à oração? Quantas horas passo diante da televisão? Quantas horas gasto em esportes, divertimentos, lazer e outras atividades?

Estou *negligenciando a Palavra de Deus*? Quantos capítulos da Bíblia costumo ler diariamente? Estudo a Bíblia? Amo-a? Faço das Escrituras a fonte de meu suprimento espiritual?

Tenho deixado de *confessar a Cristo* abertamente? Sinto vergonha de Jesus? Mantenho a boca fechada quando cercado de pessoas sem Deus? Estou testemunhando diariamente de meu Salvador?

Sinto a *responsabilidade* pela salvação das almas? Tenho amor pelas almas perdidas? Há no meu coração alguma compaixão por aqueles que perecem?

Perdi o *meu primeiro* amor e não me sinto mais aquecido pelo fogo de Deus?

Esses são, geralmente, os elementos que influem em nossa dedicação à obra de Deus no meio do seu povo. Sejamos honestos e apliquemos ao nosso comportamento a designação que nos cabe com toda a propriedade. "PECADO" é o vocábulo usado por Deus. Quanto mais depressa admitirmos que temos cometido pecado e estivermos dispostos a confessá-lo e abandoná-lo, mais cedo poderemos esperar que Deus nos ouça e opere com seu poder infinito. Portanto, vamos remover o obstáculo, tudo quanto serve de pedra de tropeço, antes de dar outro passo. "Mas, se nós tivéssemos o cuidado de examinar a nós mesmos, não receberíamos juízo." (1Coríntios 11.31). "Pois chegou a hora de começar o julgamento pela casa de Deus [...]" (1Pedro 4.17).

Em nossa época, noite após noite sermões são pregados sem que haja transformações, sem que se obtenham quaisquer resultados palpáveis.

Num reavivamento real, um presbítero, ancião ou diácono desfalece em agonia, faz confissão e, dirigindo-se à pessoa a quem enganou, roga-lhe encarecidamente que o perdoe. Uma mulher, talvez uma das obreiras mais preeminentes, quebranta-se e, derretida em lágrimas, confessa publicamente que tem sido uma grande bisbilhoteira, que falou mal de algumas irmãs, espalhou boatos de outras, ou que não conversa com certas pessoas que com ela se assentam nos bancos da igreja. Só depois da confissão e da restituição, só depois de o terreno bruto ter sido arado, só depois de o pecado ter sido confessado e reconhecido, sim, só depois dessas providências é que o Espírito de Deus desce sobre as pessoas. Nunca antes. Só assim é que o reavivamento espiritual se estende por toda a comunidade.

Geralmente, há apenas um pecado, um só empecilho. Como Acã, no acampamento do povo de Israel. Mas Deus põe o dedo na ferida. No ponto exato. E não o retira enquanto a ferida não houver sarado, enquanto o pecado não for confessado e abandonado.

Assim sendo, apreciemos antes de mais nada a oração de Davi. Ele clama: "Sonda-me, ó Deus, e conhece o meu coração; prova-me, e conhece as minhas inquietações. Vê se em minha conduta algo te ofende, e dirige-me pelo caminho eterno" (Salmo 139.23,24). Tão logo o obstáculo do pecado tenha sido removido, Deus desce em poderoso reavivamento espiritual.

> Uma cidade plena de igrejas,
> Grandes pregadores, homens eruditos,
> Música grandiosa, coros e órgãos,
> Se tudo isso falhar, que fazer?
> Bons obreiros, sinceros, zelosos,
> A trabalhar dia e noite...
> Mas, onde está, meu irmão
> Onde está o poder do Espírito Santo?
>
> Refinamento, educação!
> Querem o que há de melhor.
> Seus planos e esquemas são perfeitos.
> Ninguém descansa jamais
> Obtêm os melhores talentos disponíveis,
> Buscam o mais excelente.
> Mas o de que mais precisam, irmão,
> É de Deus, do Espírito Santo!
>
> Podemos gastar tempo e dinheiro
> E pregar à base da sabedoria humana;
> Mas a educação por si só
> Mantém o povo de Deus na pobreza.
> Deus não quer sabedoria mundana,

Nem busca a aprovação humana.
O de que precisamos, irmão,
É que abandonemos o pecado.

É o Espírito Santo de Deus
Quem revivifica a nossa alma
Deus não aceita adoração idólatra,
Nem se curva ao domínio do homem.

Nenhuma inovação dos homens,
Nem habilidade, nem arte alguma,
Pode conferir-nos o arrependimento,
Ou quebrantar o coração do pecador.

Podemos gloriar-nos em conhecimentos,
Linda música, grandes sucessos,
Ótimo equipamento, o que há de melhor.
Mas nada disso nos pode abençoar.
Deus quer vasos puros e limpos,
Lábios ungidos pela verdade,
Homens cheios do Seu Espírito,
Que anunciem sua mensagem.

Grande Deus, vivifica-nos na verdade!
Guarda-nos todos os dias
Para que todos reconheçam
Que vivemos conforme oramos.
O braço do Senhor não se encolheu,
Ele ainda se deleita em abençoar,
Desde que nos afastemos do mal,
E abandonemos o pecado.

Capítulo 7

FÉ PARA O REAVIVAMENTO

A fé é a chave que abre a porta do poder de Deus: "Pela fé caíram os muros de Jericó [...]" (Hebreus 11.30). Em todo o trabalho de reavivamento, um dos requisitos básicos indispensáveis é a fé viva, cheia de vigor: "[...] Tudo é possível àquele que crê" (Marcos 9.23).

O homem que Deus usa ouve uma voz vinda dos céus. Deus lhe dá uma promessa. Não uma das promessas gerais da Palavra escrita, que se aplicam a todos os seus filhos. Uma mensagem definida, inequívoca, gravada diretamente em seu coração. É possível que certa promessa bíblica com a qual você já esteja familiarizado, de repente chame sua atenção de tal maneira que você compreenderá que Deus lhe falou. Por isso, caso venha a lançar-se num novo trabalho para Deus, deixe-me sugerir que antes de tudo você faça a si mesmo estas perguntas: "Tenho uma promessa direta de Deus? Deus falou comigo?"

Foi justamente essa certeza divina que habilitou os profetas antigos a se dirigirem ao povo e declarar "Assim diz o Senhor". Todavia, enquanto Deus não nos houver enviado, faremos melhor se permanecermos prostrados com o rosto em terra, dedicados à oração, a fim de que o Senhor não precise dizer: "Não enviei esses profetas, mas eles foram correndo levar sua mensagem [...]" (Jeremias 23.21). Por outro lado, quando um homem tiver ouvido a voz de Deus, então: "[...] Ainda que demore, espere-a; porque ela certamente virá e não se atrasará" (Habacuque 2.3). Mesmo que se passem muitos anos, no tempo certo, Deus cumprirá a sua Palavra.

Que regozijo temos ao ouvir e reconhecer a voz do Pai celeste! Que encorajamento ela nos infunde! Que fé nos proporciona! Como o coração salta dentro de nós! Então não há mais dúvidas. Não há mais adivinhações nem especulações. Durante dias, talvez semanas, o cristão buscou com fervor a vontade de Deus, em oração. Então, à base de sua Palavra ou mediante o Espírito Santo, a mensagem foi enviada, e o resultado foi a perfeita paz. Não que a obra já tenha sido feita, ou que a expectativa já se tenha realizado. Mas, se Deus falou, não resta mais dúvida alguma: "Certamente virá".

Em dias passados, recebi a visão de uma grande obra a ser realizada na cidade de Toronto, no Canadá. Orei a esse respeito, a fim de saber a vontade do Senhor sobre a visão. Finalmente, um dia, ele me falou. Sim, pela segunda vez me foi dada sua palavra de confirmação. Daí por diante, esperei, em oração e confiança, sabendo que certamente o Senhor cumpriria sua promessa. Três anos se passaram, anos de tremendas provações. Se não estivesse munido de sua promessa, teria desistido, e minhas esperanças ter-se-iam espalhado ao vento; mas o Senhor havia falado, e eu tinha apenas de orar: "Faze conforme disseste, ó Deus". Finalmente, tendo-se passado três anos inteiros, ele estabeleceu a obra de que me havia falado.

Conta-se um incidente ocorrido num lugarejo chamado Filey, na Inglaterra, nos primeiros dias do movimento metodista, e para onde foram enviados vários pregadores, um após outro, em vão. O lugarejo era uma fortaleza do poder satânico, e, um por um, todos os pregadores foram expulsos. Finalmente, ficou resolvido que se desistiria de tão difícil missão.

Pouco antes de a resolução ser implementada, John Oxtoby, apelidado "Joãozinho da Oração", que viria a tornar-se famoso na história do metodismo inglês, implorou ao concílio metodista que o nomeasse para aquele campo. Aquela gente teria mais uma oportunidade. Os homens concordaram e, poucos dias mais tarde, John viajou para lá. No caminho, uma pessoa que o conhecia indagou-lhe para onde estava indo. "Para Filey", foi a resposta. "Ali é que o Senhor haverá de reavivar a sua obra".

Ao aproximar-se do lugarejo, quando John descia a colina entre Muston e Filey, subitamente, surgiu ante os seus olhos o espetáculo da aldeia espraiada lá embaixo. Tão intensos foram os sentimentos de John, nessa ocasião, que ele caiu de joelhos ao lado de uma cerca, onde ficou lutando, chorando e orando, em agonia intensa, rogando ao Senhor pleno êxito em sua missão. Um moleiro, do outro lado da cerca, ouviu sua voz e parou assustado, procurando ouvir melhor. E ouviu "Joãozinho da Oração" dizer:

> Não podes fazer de mim um palhaço! Não podes fazer de mim um palhaço! Eu disse aos cristãos, lá em Bridlington, que tu vivificarias a tua obra, e agora é preciso que assim faças. De outro modo nunca mais terei coragem de mostrar-lhes meu rosto. E então, que dirá o povo sobre a oração e a fé?"

John Oxtoby continuou nesse tom súplice por mais algumas horas. A luta foi longa e árdua, mas ele não desistiu. Usou sua própria fraqueza e ineficiência, tornando-as em argumento intercessório. Por fim, as nuvens se dispersaram, a glória de Deus invadiu a sua alma e John levantou-se exclamando: "Pronto, Senhor! Tudo pronto! Filey está conquistada! Filey está conquistada!".

E conquistada estava, realmente. Inclusive todos os que nela habitavam, sem o menor equívoco. Tendo recebido refrigério da parte de Deus, por ter estado diante de seu trono de misericórdia, John entrou na vila e começou a cantar pelas ruas: "Voltai-vos ao Senhor e buscai a salvação". Um grupo de pescadores uniu-se em torno dele para ouvi-lo. Um poder incomum revestia seus sermões, levando ímpios calejados às lágrimas doridas. Homens fortes tremiam, e, quando John se pôs a orar, uma dúzia desses pescadores prostrou-se de joelhos, enquanto ecoavam gritos pedindo misericórdia, que rasgavam o ar.

Então, senhores, porventura sabemos, nestes dias, o que significa oferecer a Deus uma oração de fé? Porventura já oramos com a intensidade agoniada de John Oxtoby? Charles G. Finney escreveu:

> Conheci um pai de família que era um homem bom, mas tinha ideias errôneas a respeito da oração de fé. Toda a sua família, constituída de muitos filhos, foi criada sem que nenhum deles se convertesse. Um dia seu filho mais velho adoeceu, e parecia prestes a morrer. O pai orou, mas o filho foi piorando paulatinamente, e parecia que já se aproximava da sepultura, sem esperança de salvamento. O pai continuou orando, até que sua angústia se tornou inexprimível. Uma dor forte demais. O homem insistiu na oração (embora não parecesse haver alguma possibilidade de sobrevivência para seu filho) e derramou sua alma diante de Deus. Como se a petição persistente não lhe pudesse ser negada. O fato é que, finalmente, o pai recebeu a certeza de que seu filho não somente não faleceria, mas

também se converteria. E não apenas aquele filho, mas toda a sua família se converteria a Deus. Então, ele entrou em casa e disse aos seus familiares que seu filho mais velho não haveria de morrer. Admiraram-se muito de suas palavras. Mas ele insistiu: "Estou dizendo que ele não vai morrer. E nenhum de meus filhos vai morrer em seus pecados". De fato, todos os filhos daquele homem se converteram.

Um pastor narrou-me o reavivamento que inflamou sua igreja, o qual teve início com uma mulher dedicada, ovelha de seu rebanho. Ela começou a preocupar-se demais, por causa da situação dos pecadores, e entregou-se à oração em favor deles. Ao orar, sua aflição só fez intensificar-se. Finalmente ela se dirigiu ao pastor da igreja. Pediu-lhe que convocasse uma reunião de interessados no evangelho, pois sentia essa necessidade. Mas o ministro não a quis atender, achando que seu pedido não tinha cabimento. Na semana seguinte, no entanto, ela voltou com o mesmo pedido, e rogou-lhe que marcasse a data para a tal reunião. Ela sabia que alguém viria, pois tinha certeza de que Deus haveria de derramar seu Espírito. O pastor, porém, mais uma vez se esquivou. Finalmente ela lhe disse: "Se o senhor não marcar a data dessa reunião, eu morrerei. Estou certa de que haverá um reavivamento". Em face disso, ele marcou uma reunião para o domingo seguinte. O pastor disse que, se alguém desejasse falar com ele acerca da salvação de sua alma, estaria à disposição naquele domingo. Marcou lugar, dia e hora. O pastor não sabia se haveria alguma pessoa interessada. Contudo, quando se dirigiu ao lugar marcado para a reunião, para espanto seu, encontrou numerosa multidão de pessoas interessadas na salvação de suas almas (Charles G. Finney).

Os primeiros raios de luz que espantaram as trevas que envolviam as igrejas do condado de Oneida, na Inglaterra, em outono de 1825, surgiram por meio de uma mulher de saúde precária. Creio que ela nunca estivera em nenhum reavivamento poderoso. Sua alma estivera inquieta por causa da situação dos pecadores. Sofria agonias devido ao estado do povo. Não sabia bem o que lhe tirava o sossego, mas continuou orando cada vez mais intensamente, até parecer que a sua agonia estava a ponto de destruir-lhe o corpo. Finalmente um grande júbilo lhe invadiu a alma, e ela se pôs a exclamar: "Deus chegou! Deus chegou! Não há como nos enganar: a obra de Deus já teve início e se espalhará por toda a região". E verdadeiramente a obra teve início. Toda a sua família se converteu, e a obra de Deus propagou-se por toda aquela parte do país (Charles G. Finney).

Esse, portando, é o segredo: a fé. Aquela fé descrita no capítulo 11 de Hebreus, a fé em Deus, o dom divino, fé fundamentada em sua Palavra, dada diretamente ao coração de seu servo. Essa fé é capaz de remover montanhas e realizar o impossível. Não se trata da presunção que crê ainda que não haja as evidências do Espírito. Não é fé que nada custa, que se dissipa bem depressa, fé que vai embora ao passar-se o tempo sem que os milagres esperados se realizem. Nem fé que cessa com a mesma facilidade que começou. Mas está em foco a fé em Deus, nascida na agonia da oração prevalecente e no parto da alma. Esse tipo de fé se eleva acima das tempestades do desânimo e da adversidade. Triunfa sobre o tempo e continua a resplandecer intensamente, enquanto aguarda o cumprimento de seu objetivo. Que o Senhor nos conceda essa fé hoje!

A fé poderosa contempla a promessa,
E olha só para Deus, e mais ninguém.
Ri-se de todos os impossíveis
E clama: "Já recebi o que pedi!"

Isso ultrapassa a compreensão.
Mas meu Senhor é fiel;
Não hesito, exerço a fé,
Pois Deus pronunciou sua Palavra.
Confirma em mim essa fé poderosa
Que jamais pede em vão,
Que não permite que alguém vá embora
sem primeiro ser abençoado.

Capítulo 8
FOME DE REAVIVAMENTO

Quando visitei os campos missionários russos na Europa, nos anos de 1924, 1929 e 1936, vi Deus operando. Seu poder agia nos reavivamentos. As pessoas caminhavam a pé 50 quilômetros, ou vinham a cavalo ou em carroças, percorrendo até 300 quilômetros ou mais, para participar dos cultos. As reuniões se prolongavam por três horas, às vezes mais, e, em alguns casos, até três reuniões eram realizadas diariamente. Apesar disso, muitos se queixavam de que o culto não havia sido suficiente. Em certo lugar, as pessoas realizavam sua própria reunião nas primeiras horas da manhã, antes que os obreiros aparecessem, perfazendo ao todo quatro reuniões por dia.

Não havia necessidade de gastar dinheiro com propaganda. Uma pessoa falava a outra, e assim todos vinham, e muitos tinham de ficar de pé por falta de assentos, e acomodavam-se pelos espaços disponíveis no altar, apinhando os maiores auditórios, de tal maneira que dificilmente alguém poderia encontrar mais um lugar. Lembro-me de haver pregado para 3 mil pessoas em uma igreja luterana. Como ouviam com atenção! Sim, e ao ar livre a atenção era idêntica. Houve ocasião em que podíamos vê-los de pé, debaixo de chuva — homens, mulheres e crianças — tão famintos estavam da Palavra.

Como Deus operava no meio deles! Desde o começo das reuniões, o espírito de avivamento pairava no ar. Oravam, cantavam e testificavam, com lágrimas descendo-lhes pelo rosto. Ouviam as mensagens de corações compungidos, vinham todos para a frente e, prostrando-se de joelhos, com os olhos marejados de lágrimas, clamavam a Deus rogando por misericórdia. O pastor William Fetler serviu-me de intérprete, e que tremenda inspiração ele foi para mim! Mas deixe-me citar agora o meu diário. Poderei ilustrar melhor o que quero dizer:

> Descrever as cenas que foram criadas pelo Espírito Santo seria simplesmente impossível, pois aquilo que Deus tem feito nada fica a dever ao miraculoso. Todas as noites o vasto auditório ficava literalmente repleto, e, nos dias finais da campanha, a multidão excedia a capacidade do auditório. Havia pessoas de pé por toda a parte, na galeria, no altar e por todos os lugares. Noite após noite, almas vinham à frente para receber a salvação. Grupos e mais grupos de pessoas enchiam a área defronte do púlpito. Grande número aceitava a Cristo pela primeira vez em sua vida. O número exato não sei dizer.

Todavia, o culto das 10 horas da manhã era a ocasião em que a festa era maior. Na primeira manhã, o auditório principal, o de baixo, ficou repleto, com poucas pessoas ocupando a área do coro. Na segunda manhã, o povo afluiu em maior número; na terceira, em número maior ainda, e assim teve inicio uma campanha de grande êxito. Já na quarta manhã não havia mais espaço disponível. Os assentos do coro foram totalmente tomados. Então, foram trazidas cadeiras extras para o altar ou para ocupar quaisquer espaços vazios. E o povo continuava chegando, até que, finalmente, muitos foram obrigados a ficar de pé nos corredores entre os assentos. Foi a essa altura que o poder de Deus caiu sobre o auditório. Homens e mulheres se ajoelhavam por toda parte; e que orações se elevaram dali! Quantas lágrimas! Quanto arrependimento e confissão de pecados! Quanta alegria e paz! Quantos testemunhos! E como cantavam! Verdadeiramente, o céu tinha baixado à terra.

Ao término daquela reunião, houve um apelo para que realizássemos outra, um culto extra, às 4 horas da tarde. Estaria eu disposto a pregar novamente? Concordei com alegria, de modo que, no horário combinado, estávamos todos de volta. Uma vez mais o poder de Deus se fez presente. Lágrimas foram derramadas livremente. Uma alegria indizível e cheia de glória estampava-se em muitas fisionomias. Ajoelhamo-nos em silêncio diante de Deus, e o Espírito desceu sobre grande número de vidas. Preguei novamente às 18h30, e uma vez mais às 20h — quatro vezes em um só dia.

Pouco depois de eu ter ido dormir, alguém bateu à porta do meu quarto. Entrou um dos estudantes. Disse-me como Deus lhe havia falado. Descreveu a grande fome que lhe ia no coração: "Resolvi orar a noite inteira", disse-me, "pois não cessarei enquanto o poder do Espírito Santo não tiver descido sobre a minha vida". Oramos juntos, ele soluçou agoniado, em alta voz, e assim começou uma grande obra.

Poucos minutos mais tarde, mais alguém veio bater à minha porta. "Estaria eu disposto a juntar-me a algumas pessoas em um aposento contíguo?" Eu fui. Ao ali entrar, encontrei um grupo de pessoas do escritório, prostradas de rosto em terra. Deus havia falado a elas também. Novamente houve orações agonizantes, definidas, que subiram até ao trono da graça.

O pecado foi francamente enfrentado, confessado e abandonado. Houve rendição completa ao Senhor, porquanto uma vez mais o Espírito Santo pôde agir sem nenhum embaraço.

Finalmente, chegaram quase todos os estudantes, e, ajoelhando-se, derramaram perante o Senhor o seu coração, em russo, alemão, leto ou inglês. Oh, que momentos de quebrantamento! Como choravam diante do Senhor! Que alegria a nossa, por poder participar de uma reunião tão carregada de reavivamento, contemplando a ação do próprio Espírito Santo. Depois de algum tempo as pessoas se foram, mas continuaram em oração em suas próprias casas. Até que horas, não sei dizer. Era meia-noite quando retornei ao meu quarto. Com regozijo e gratidão na alma, preparei-me para dormir. Que dia abençoado fora aquele!

Na manhã seguinte, tivemos de nos transferir para o auditório principal, pois mais de 1.200 pessoas se apresentaram para o culto, e a área diante do púlpito uma vez mais ficou repleta de gente. Louvado seja Deus! Preguei de novo às 4 horas da tarde, dessa vez a uma audiência de mais de 1.500 pessoas, muitas das quais tiveram de ficar de pé. Uma vez mais vieram muitas pessoas à frente. Então, às 7 da noite, estava diante de minha terceira congregação, e o poder do Espírito se manifestou de forma muito real. Houve um santo estremecimento por todo o enorme auditório, de forma que, ao terminar a reunião, inúmeras pessoas vieram à frente. Eram tantas, que para atendê-las passamos mais uma hora com elas. Isso aconteceu no salão de baixo.

Às 8 horas da noite subi pelas escadas e encontrei um auditório de 1.200 pessoas esperando por mim. De novo proclamei a mensagem do evangelho e fiz o apelo. Imediatamente, uma longa fila de homens e mulheres, idosos e jovens, adiantou-se até defronte do púlpito onde, com contrição e júbilo, todos aceitaram a Cristo. Essa foi a quarta reunião que dirigi naquele dia, e pensei que seria a última. Todavia, quando regressei à casa da missão, encontrei uma sala repleta de russos, todos de rosto em terra diante de Deus, orando tranquilos, mas com muita intensidade, como só os russos são capazes de fazer. Por algum tempo, reuni-me a eles, mas depois os deixei para ir deitar-me, à meia-noite. Aquele fora outro dia cheio de glória! Que reuniões estupendas! Que conversões maravilhosas! Quanta alegria! Quanto poder! Nunca, em toda a minha vida, eu pregara a congregações desse tipo, nem no Canadá nem nos Estados Unidos.

O domingo de Páscoa foi um dia inesquecível. A primeira reunião foi efetuada às 6 horas da manhã. Na noite anterior eu estivera em uma reunião dos ortodoxos gregos, à meia-noite. Vi o povo com suas velas de cera, observei os sacerdotes com suas roupagens ornamentadas, todos marchando, dando três voltas ao redor do templo, pelo lado de fora. Ouvi o sermão sobre a ressurreição, pronunciado pelo arcebispo. Eram 2 horas da madrugada quando me deitei em minha cama. Por isso, pregar dali a pouco, às 6 horas da manhã, não me parecia fácil. Havia cerca de 1.200 pessoas presentes. Muitos responderam afirmativamente ao apelo e aceitaram a Cristo.

Às 10 horas em ponto, preguei de novo a uma congregação de 1.700 ouvintes. Até os espaços entre fileiras de assentos da galeria estavam repletos de gente, havendo pessoas de pé por todos os lados. Foi um culto maravilhoso. Essa reunião se prolongou por quatro horas.

Após o almoço, joguei-me de novo na cama, cansadíssimo, e dormi profundamente. Despertei bem na hora de dirigir a reunião posterior, às 4 da tarde. Havia aproximadamente 1.400

pessoas presentes. Grande número de pessoas foi à frente em busca de salvação. O Espírito de Deus movimentava-se, infundindo reverência em todo o auditório. Lágrimas rolaram em muitos rostos. Homens punham-se de pé, enxugando os olhos inchados de tanto chorar. A salvação havia entrado em muitos corações. Via-se a alegria a transparecer na face das pessoas. Elas me apertavam calorosamente a mão, enquanto eu ia passando pela imensa fila de novos convertidos. Ali estavam homens e mulheres jovens ainda. E pessoas idosas também. Muitas pessoas de cabelos grisalhos ou já embranquecidos. Viam-se também algumas crianças. Todos buscavam o Salvador, e muitos o haviam encontrado. Aleluia! Oh, que alegria sem limites!

Na segunda-feira visitei uma igreja russa em que, quase cinco anos antes, eu estivera pregando o evangelho. Ali, às 10 horas da manhã, encontrei um recinto repleto, homens e mulheres apinhados na galeria lateral e, nos fundos, muitas pessoas em pé. A área reservada ao coro, atrás de mim, estava tomada de pessoas. Falei com convicção sobrenatural acerca da vitória sobre o pecado; no fim da reunião, dezenas e dezenas de pessoas ajoelharam-se quando o Espírito Santo de Deus desceu sobre seus corações, tornando real a sua comunhão íntima com o Senhor. *Deus operou* com imenso poder. Em muitos rostos transparecia a glória divina, tão intensa era a alegria das pessoas.

Em outra cidade da Rússia, nosso primeiro culto foi realizado na igreja local. As pessoas presentes ocupavam apenas a metade dos bancos. No entanto, logo de início irrompeu uma tremenda manifestação espiritual. Muitos oravam com lágrimas nos olhos. Na reunião seguinte, a casa de oração estava repleta, e muitas pessoas foram obrigadas a ficar de pé. Nossa terceira reunião foi realizada num auditório com capacidade para 3 mil pessoas sentadas. Todavia, tão grande foi a multidão e tão intenso o interesse, que muitas pessoas tiveram de ficar de pé o tempo todo. Apesar da multidão de gente, muitos foram à frente e ajoelharam-se diante do púlpito, a fim de declarar que aceitavam a Cristo. Uma profunda convicção de pecado apossou-se de todo o auditório.

Então chegou a noite de segunda-feira, quando haveria novo culto. Voltaria aquela numerosa multidão? Ou na Rússia o dia de segunda-feira é como nos Estados Unidos? Não demorou muito e minha indagação foi respondida. Ao chegar ao templo, encontramo-lo apinhado de gente. Havia muitas pessoas de pé entre as fileiras de assentos. Que cena! Havia duas galerias, no fundo do templo, uma por cima da outra. Rostos tensos olhavam para nós. Como a minha alma vibrava, ao contemplar aquela gente que ouvia com tanta atenção! Terminada a reunião, convidei os interessados a que permanecessem. Saíram cerca de 500 pessoas. As demais não se afastaram. E assim foi que, com cerca de 2.500 pessoas presentes, propus-me a continuar o culto. De pronto, as cadeiras à frente foram ocupadas por pessoas interessadas na salvação. Expliquei-lhes cuidadosamente o plano da salvação, segundo o evangelho. Enquanto o explicava, vi que lágrimas lhes escorriam pelo rosto. Não demorou muito e lançaram-se de joelhos em terra. Muitos confessaram seus pecados e foram perdoados e, em arrependimento, receberam a Cristo. De pronto houve explosões de alegria e exclamações de louvor oferecidas a Deus. Quando as pessoas se levantaram, seus rostos estavam transformados. Como os seus olhos brilhavam de júbilo!

Foi assim que se encerrou uma das mais maravilhosas séries de reuniões de avivamento que tive o privilégio de dirigir. Nos Estados Unidos, jamais me fora dada a alegria de gozar tão grata experiência. Nunca poderei esquecer-me dos gloriosos fatos de que participei. Que fome e sede espirituais de Deus tinha aquela gente! Onde, no meu Canadá, poderiam esses fatos ser repetidos? A minha alma se alegrava, por causa daquelas grandes multidões. Quão maravilhosamente Deus as visitou! Oh, como louvo ao meu Deus! Glórias sejam dadas ao seu maravilhoso nome para todo o sempre! O Senhor é sempre o mesmo. O Deus de Wesley e de Finney, o Deus de Moody e de Evan Roberts — esse é o nosso Deus, por toda a eternidade. Ele continua sendo o Deus que dá reavivamento. Seu braço nunca se encolheu, e seus ouvidos jamais se tornaram surdos. Ele ouve e responde às nossas orações. Aleluia!

Quanto a mim mesmo, sinto-me profundamente humilhado. Deus tem abençoado ricamente a minha alma. Isso tem sido para mim, qual nova crucificação, uma experiência mais profunda, uma comunhão mais íntima com o Senhor. Meu coração tem se comovido vezes sem conta. Daqui por diante, como nunca antes, darei o primeiro lugar a Deus. Deixo de lado com muita alegria meus próprios planos e ambições. E acolho os planos de Deus para a minha vida. Não sei o que o futuro me reserva, mas os meus dias estão nas mãos de Deus. Se ele tão somente se dignar a usar-me em um profundo trabalho de avivamento espiritual, ficarei mais do que satisfeito. Não importa onde isso vai acontecer, se no Brasil, se noutro país qualquer, ou na minha pátria. "Seguirei meu Amado para onde me guiar." Desejo submeter-me inteiramente a Deus, vivendo cada instante numa dimensão tão elevada, acima do mundo e da carne, que eu habitarei em inquebrável companheirismo e ininterrupta comunhão com meu bendito Senhor.

Amigo leitor, tenho viajado pela Europa, pelo Oriente Próximo, pelo Extremo Oriente, pelo Canadá e pelos Estados Unidos da América do Norte. Tenho atravessado o Atlântico e o Pacífico. Fui desde o golfo do México até aos Grandes Lagos. Fiz isso por muitas e muitas vezes. Participei das mais abençoadas campanhas evangelísticas e tenho ouvido os maiores evangelistas e mestres da Bíblia deste continente. Todavia, nunca, em lugar algum, vi a repetição das experiências que acabo de descrever para você, com exceção do ministério dos obreiros que estiveram trabalhando em terras russas.

Por quê? Que explicação poderíamos dar a você? Teria Deus se esquecido dos Estados Unidos? Ter-se-ia esgotado sua paciência para com o Canadá? Está o Senhor Deus indignado, fortemente irado contra o Brasil? Será que já passou — e não voltará mais — a grande oportunidade da Inglaterra? Por que, então, nessas nações, nos dias atuais, não há reavivamento algum?

A simples resposta é que falta o requisito supremo para o reavivamento. Ainda verei aqui, o que vi na Europa continental: *fome espiritual*. Meu caro irmão, no Brasil ainda não se manifestou a verdadeira, real e profunda fome espiritual. Ninguém está sondando o próprio coração, em busca de Deus. As *coisas materiais* ocupam toda a área de nossa visão física e espiritual. As classes privilegiadas têm tanto conforto e tanto luxo que não sentem a mínima necessidade de Deus. Há os pobres famintos, desabrigados, favelados, os miseráveis de corpo e espírito, que esperam dos políticos o que deveriam buscar em Deus. Desmoronou-se o comunismo mundial. Espatifou-se o conceito de virtude ditatorial, tirânica, seja da esquerda, seja da direita. Será que o povo não se desperta para a única esperança: Jesus Cristo?

No Canadá, o povo não gosta de ir às reuniões evangélicas. Com frequência são necessárias grandes somas de dinheiro, gastas em propaganda e divulgação, para ao menos despertar algum interesse entre as pessoas. A televisão apresenta "grandes" filmes, cheios de rostinhos lindos e corações vazios de ensinamento evangélico. Filmes que ensinam o caminho para o inferno. Os clubes de campo, as praias, os auditórios de programas mundanos não são esquecidos nunca. Mas as igrejas, em sua maior parte, permanecem vazias. Nossos patrícios das grandes cidades jamais sonhariam sequer com a necessidade de caminhar 3 quilômetros para ir a um culto de evangelização. Tampouco ficariam de pé, por três horas, ao ar livre, a fim de ouvir o evangelho. Meu diagnóstico, por conseguinte, é que ainda não há *fome* da Palavra de Deus entre nós. Quanto mais ensolarado estiver o dia maior é a tentação de um passeio. Deus tem de contentar-se com um longínquo segundo ou terceiro lugar. Os povos da desmantelada União Soviética, pelo contrário, possuem bem pouco dos bens deste mundo. Isso explica em parte a fome espiritual que sentem do pão da vida.

Aqueles, entre nós, que têm essa fome — e graças a Deus existem muitos, aqui e ali — que façam lamentação pelos povos de nossa terra e pelos de outros países, outrora guardiões das riquezas de Deus — alguns países europeus, como a Alemanha e a Grã-Bretanha, e, em nosso continente, os Estados Unidos —, e invoquem a Deus para que desperte a fome de sua Palavra, pela catástrofe, pelo sofrimento, por fome ou dor, seja pelo que for. É que, sem essa fome de Deus, fome das coisas espirituais, jamais poderá sobrevir um verdadeiro reavivamento, que leve uma nação aos pés de Cristo.

Capítulo 9

ESTÁ MORTO O EVANGELISMO?

Já se teriam passado os dias gloriosos do evangelismo, e desaparecido para sempre? Nunca mais surgirá outro Wesley, outro Finney, ou outro Moody? Será que nunca mais as cidades serão abaladas por reavivamentos poderosos, como nos dias do passado? Será verdade que os dias dos reavivamentos poderosos estão guardados no museu da história, e que o evangelismo está morto? Minha resposta é "sim" e "não".

Certa vez um jornal canadense estampou uma fotografia de Dwight L. Moody, dando um breve relato de sua grande campanha evangelística em Toronto, no Auditório Massey, realizada em 1894. A reportagem narrou que grandes multidões compareceram. Mencionou a pregação de Moody e como ele agradeceu publicamente ao sr. Hart A. Massey, que estava num camarote especial, a doação do Auditório Massey à cidade. Houve uma referência à grande campanha evangelística de Moody, nestes termos:

> A história de D. L. Moody é a de uma *época de evangelismo heroico que já desapareceu, talvez para nunca mais retomar.* Aquele período teve seu encanto próprio, muito especial.

Ainda não havia rádios nem telefones nem bondes e, logicamente, ninguém conhecia a televisão. Somente quando Moody já era muito idoso é que apareceu a luz elétrica.

Uma edição posterior desse mesmo jornal publicou uma notícia comemorativa das grandes reuniões dirigidas pelos notáveis evangelistas canadenses Crossley e Hunter, em Ottawa. Numa dessas reuniões, Sir John A. MacDonald, o primeiro-ministro do Canadá, levantou-se, foi à frente e professou publicamente a sua fé em Cristo. Isso aconteceu em 1889, o ano em que eu nasci.

Pouco antes de seu falecimento, o dr. Crossley esteve presente numa das reuniões que eu dirigi. Hunter, com quem eu viajara em trabalhos de evangelização durante um quarto de século, já havia sido chamado à glória da igreja triunfante. Esta geração não o conheceu. Para os obreiros atualmente atarefados no serviço cristão, as glórias espirituais do passado caíram no esquecimento. Porém, ao olhar para o dr. Crossley e para outros guerreiros já encanecidos, que estiveram na vanguarda, no fragor do evangelismo, relembrei os grandes eventos acontecidos há mais de uma geração atrás, quando a pregação do evangelho atingira seu clímax, e pus-me a perguntar a mim mesmo se porventura aqueles milagres espirituais seriam novamente presenciados nesta geração ou na próxima.

Em minha biblioteca, tenho um livro bastante surrado e com orelhas. Ele contém os sermões de Moody, taquigrafados enquanto ele pregava. Suas sentenças gramaticalmente falhas estão registradas exatamente como saíram de seus lábios. As instruções por ele dadas do altar, suas advertências contra os falsos pregadores, que obtinham lucro vendendo a sua fotografia, alguns acontecimentos insignificantes — tudo ficou registrado exatamente como foi dito, por alguém que esteve presente e viu com os seus próprios olhos tudo sobre o que ia escrevendo.

Para mim, esse volume é um tesouro precioso. Eu o estimo, porque está repleto da atmosfera do evangelismo, uma atmosfera com a qual a presente geração, em sua maior parte, está desacostumada. Ao relê-lo, posso contemplar as grandes multidões, na verdade multidões tremendas. Ouço uma vez mais os arrebatadores sermões do famoso evangelista e dou testemunho, como se estivesse vivendo naquele tempo das cenas que significaram tanto para a Igreja da época — dias de céu na terra. Mas a pergunta que faço agora é: repetir-se-ão porventura esses dias?

Os dias heroicos do evangelismo parecem ter cessado. Eram os dias em que eu não passava de um adolescente. Tive o grato privilégio de contemplá-los em sua glória esmaecente, pelo menos. Lembro-me perfeitamente das grandes reuniões dirigidas por Torrey e Alexander, no Auditório Massey de Toronto, em 1906, quando me converti. O que mais me impressionou foi o grande número de ministros de todas as denominações, sentados no altar. Por semelhante modo, minha memória recua até a atitude de evangelismo predominante na Associação Cristã de Moços, um ano ou dois mais tarde. Também jamais me olvidarei das reuniões dirigidas por Crossley e Hunter, em Huntsville, Ontário, em 1908, bem como da impressão que deixaram em mim. Meu coração jovem vibrava intensamente sempre que eu participava desses cultos de evangelização. Mas esses foram praticamente os últimos. Em algum ponto da segunda década do século XX o antigo espírito de evangelismo se dissipou.

Grandes centros do evangelismo

Entretanto, o evangelismo não está morto. De forma alguma. Nem mesmo poderá morrer, porquanto é o grande e único método que Deus usa para realizar a sua obra. Por esse motivo é que o Senhor está, hoje em dia, provocando grandes movimentos, de amplitude mundial, e criando centros especificamente dedicados ao evangelismo. E assim é que as chamas do evangelismo continuarão queimando.

Tais centros evangelísticos são instituições estabelecidas que se dedicam principalmente à conversão de almas, à edificação dos cristãos e à evangelização de escopo mundial. Salientam de modo especial os quatro pontos essenciais do evangelismo: salvação, vida interior profunda, missões estrangeiras e o segundo advento de nosso Senhor. Por todos os meios se esforçam por levar a mensagem da cruz às massas sem Cristo, tanto em solo nacional quanto no estrangeiro, dentro do prazo mais breve possível.

Usa-se num centro evangelístico o método inaugurado pelo apóstolo Paulo. Ele não efetuava uma breve campanha para logo passar adiante, por mais promissora que o novo empreendimento lhe parecesse; antes, sempre que possível permanecia naquela cidade até que ali se estabelecesse uma igreja forte.

Cada grande cidade precisa de um centro de operações. Spurgeon, em Londres, usou o Auditório Musical Surrey, com capacidade para 10 mil pessoas assentadas, bem como o Palácio Cristal, onde se acomodavam 20 mil pessoas assentadas. E assim, desprezando todas as normas convencionais da época, ele pregou o evangelho às multidões da grande metrópole inglesa. Em seguida, construiu o Tabernáculo Metropolitano, que seria um centro permanente de evangelismo.

Tanto Dwight L. Moody como R. A. Torrey tiveram a mesma visão do trabalho. Eles criam também, à semelhança de Spurgeon, na eficácia de um trabalho evangelístico centralizado. Por essa razão é que se construiu a grande Igreja de Moody, em Chicago, a Igreja de Portas Abertas, em Los Angeles, e a Igreja dos Povos, em Toronto, a fim de serem centros permanentes de evangelismo.

Alguns obreiros talvez tenham sido chamados para serem itinerantes, isto é, andarem de um lado para o outro; mas o tipo mais valioso de evangelismo é quando se consegue estabelecer sedes onde as chamas do avivamento nunca morrem. Daí a obra pode espraiar-se para o mundo todo.

A ideia geralmente aceita do que é uma igreja — um minúsculo grupo de cristãos que se reúne nalguma viela obscura, esforçando-se por sustentar um pastor, mas sem deixar qualquer impressão duradoura sobre as multidões — certamente não é a visão de Deus.

Com muita frequência se vê, nesses casos, um mero punhado de indivíduos superalimentados (talvez famintos) e sem trabalho a fazer, autossatisfeitos e até mesmo contrários a qualquer esforço evangelístico, sem visão de ampliação da obra e sem qualquer senso de obrigação de levar a mensagem às multidões. Parecem uma poça estagnada e ressequida, pútrida e sem saída. Somente quando as nossas igrejas se tornarem centros espirituais de evangelismo agressivo, tanto no solo pátrio como no estrangeiro, é que poderemos ser fiéis à visão de Jesus Cristo, conforme expressa na Grande Comissão.

O evangelismo resolve os problemas

O evangelismo enche de pessoas qualquer igreja. Encheu as igrejas metodistas há mais de duzentos anos. O metodismo nasceu por causa do evangelismo. Esse movimento wesleyano só cresce e tem vida em função do evangelismo. A igreja de Cristo só é igreja por causa do evangelismo, desde os dias dos apóstolos. É o que leva as pessoas à salvação.

Os novos convertidos vão ocupando os assentos (até então vazios) das igrejas.

Além disso, o evangelismo resolve o problema financeiro. Tudo quanto Pedro teve de fazer foi apanhar o peixe: o dinheiro encontrava-se em sua boca. Sempre foi assim. Basta que conquistemos os perdidos para Cristo, que eles suprem os recursos para levar avante a sua obra. É pelo fato de o evangelismo haver se amortecido que tantas de nossas igrejas foram obrigadas a fechar as suas portas.

A Igreja dos Povos não é exceção. Ao longo de todos os anos de sua existência, temos conduzido um contínuo ministério de evangelismo e continuamos a evangelizar. Entoamos hinos de louvor de teor evangelístico e pregamos sermões que anunciam a salvação em Cristo.

Temos usado muito o rádio. Todos os domingos à noite, durante duas horas e meia, vamos ao ar. Desse modo, milhares e milhares de ouvintes recebem a mensagem do evangelho.

Todos os domingos à noite fazemos um apelo. Não nos limitamos a pregar e pronunciar a bênção final. Oferecemos com insistência aos presentes em nossas reuniões da igreja a oportunidade de aceitarem a Cristo. Convidamos todos para uma conversa pessoal. É muito duvidoso que passe uma semana sem que algumas almas sejam salvas. Sabemos perfeitamente bem que a igreja tem de evangelizar, porque do contrário ela se fossiliza. Dedicamo-nos à evangelização, porque a igreja que não evangeliza em breve deixará de ser evangélica.

Nossa declaração de fé afirma que nosso maior interesse é, antes de mais nada, a conversão das almas, a edificação dos cristãos e o evangelismo de escopo mundial. E nada há em nossa confissão que não apareça à primeira vista. Alguns nos chamariam de antiquados, só porque ainda cremos na "conversão de almas". Mas o homem necessita da salvação. Essa verdade, tão negligenciada hoje em dia, precisa ser destacada agora, mais do que nunca. Além disso, os cristãos devem ser edificados na fé. E nosso evangelismo, sob hipótese alguma, confina-se à nossa própria cidade. Graças a Deus, nosso evangelismo tem alcance mundial. Cremos no trabalho das missões estrangeiras e dele nos orgulhamos genuinamente.

Os quatro elementos essenciais

Você já viu nossos quatro elementos essenciais do evangelismo: a salvação, a vida interior profunda, as missões estrangeiras e o segundo advento de nosso Senhor. Não desconsideramos outros elementos igualmente importantes. De forma alguma. Mas é em torno dessas verdades que se concentram os ensinos vitais das Escrituras.

Pregamos tudo quanto está envolvido na vida interior mais profunda. Deus quer que os seus filhos sejam cheios do Espírito Santo, que sejam vitoriosos sobre o pecado e que lhe pertençam integralmente, 100%. Que os cristãos tenham entregado tudo ao Senhor, separados de vez do mundo e suas obras, para que possam ser usados ao máximo. Enfatizamos o Espírito Santo como Pessoa divina, e não tanto os dons, as experiências e manifestações do Espírito. "Tudo em Jesus, e Jesus em tudo".

Por outro lado, não ousamos negligenciar a bendita verdade da segunda vinda de Jesus. Essa é a grande esperança da Igreja. Nosso Senhor em breve voltará. Não frisamos as interpretações detalhadas e pessoais das profecias, pois quanto a isso os homens sempre diferiram e sempre hão de diferir. Podemos discordar das pessoas e continuar sendo seus irmãos, mas insistimos sobre a importantíssima verdade do retorno pessoal e visível de nosso Senhor, o que será coroado pelo estabelecimento de seu Reino.

Nossa declaração de fé termina com as palavras: "Esforçando-nos por todos os meios por levar o evangelho às massas sem Cristo, tanto no âmbito nacional como no estrangeiro, no menor prazo possível". Afinal de contas, esse é nosso alvo principal. Para ter precisamos dar. Para colher precisamos distribuir. Foi para isso que Cristo veio, viveu, morreu, ressuscitou e enviou o Espírito Santo. Essa é a suprema tarefa da Igreja. É por esse motivo que existimos. Nossa tarefa primordial consiste em anunciar o evangelho, propagando-o por todos os meios legítimos.

Em especial, compete-nos levar o evangelho às massas que ainda não conhecem Cristo. Precisamos estar altruisticamente interessados em levá-lo, por semelhante modo, aos campos estrangeiros, e não só ao nosso país. É justamente ao seguir o programa de nosso Senhor, que consiste em pregar o evangelho do Reino "em todo o mundo como testemunho a todas as nações" (Mateus 24.14), que poderemos abreviar a sua vinda, visto que Deus está visitando os gentios a fim de "reunir dentre as nações um povo para o seu nome" (Atos 15.14).

Oh, que visão arrebatadora! Que chamado tremendo! É um trabalho magnífico! Como pode alguém criticar malevolamente um programa como esse? Haverá alguém que ame ao Senhor, que advogue os grandes princípios fundamentais da fé e que, apesar disso, se recuse a dar 100% de apoio a essa causa? Deveríamos louvar a Deus por um evangelismo salutar e bíblico, rogar-lhe um reavivamento que inflame as almas, uma chama que não venha do homem nem da vontade da carne, e sim de Deus.

Com toda fé no Senhor, lancemo-nos ao evangelismo. Mantenhamo-nos firmes nesse trabalho, sem cansaço, para que os homens tenham a oportunidade de ouvir o evangelho e venham a ser salvos. Que os ministros do evangelho, os verdadeiros ministros de Deus, dediquem-se ao evangelismo em seus próprios púlpitos. Que façam de suas igrejas centros ativos de evangelização, pois Deus abençoa a pregação do evangelho de forma muitíssimo especial. Ele colocará seu selo de aprovação sobre o evangelismo, sob a forma de salvação de almas, de restauração de desviados e de edificação dos cristãos, porquanto o evangelismo continua sendo a prioridade número um.

Evangelizar

Vai, vai e ganha os perdidos,
Evangeliza-os a todo custo;
Prega e insta em todas as terras,
Esta é a ordem a que damos ouvidos.

Evangeliza cada nação,
Não se pode negar o Evangelho.
A ninguém se negue o convite.
Anuncia a cruz de Cristo,
A morte expiatória do Senhor

Vai, e dize como ele ressuscitou
E triunfou sobre seus inimigos.
Como vai voltar de novo
Para reinar em poder e majestade.

Ele voltará para a Esposa tomar,
De toda tribo, língua e nação;
E também a fim de inaugurar
O juízo contra todos os ímpios.

Vai, a mensagem tem de ser proclamada.
Vai buscá-los para o redil do Pastor.
O Mestre te chama. Levanta-te,
É preciso evangelizar.
Evangelizar. Evangelizar!

O. J. S.

Capítulo 10

A NECESSIDADE DO MOMENTO

"Onde não há revelação divina, o povo se desvia [...]" (Provérbios 29.18). Quanta verdade! Multidões fervilham por toda parte, em nossas cidades superpopulosas, massas humanas que perecem por falta de visão espiritual. Povos sem Cristo. Pessoas por quem Jesus morreu. Gente que talvez jamais ouça a mensagem da salvação de Deus, a menos que nós, cristãos, recebamos a visão espiritual das necessidades das massas. Nossos grandes centros populacionais, pelos quais somos responsáveis diante de Deus, desconhecem o evangelho da graça de Deus porque nós, os seguidores de Jesus, não temos visão profética. Que faremos quanto à nossa falha? Quando sentiremos o peso de nossa responsabilidade? Quando faremos o que nos compete, sensibilizados pela morte espiritual das multidões sem Cristo? É real a mensagem desse versículo: "Onde não há revelação divina, o povo se desvia [...]".

Encolhidos em nosso minúsculo ninho, confortavelmente instalados em nosso ambiente agradável, satisfeitos com nosso punhadinho de acólitos superalimentados, nossos tranquilos seguidores, realizamos nossos cultos e pregamos nossos sermões. Em perfeita paz. Parece que nenhuma preocupação nos atinge, nunca dirigimos um único pensamento em favor das multidões que perecem ao nosso derredor. No entanto, Deus nunca disse que os pecadores deveriam vir até nós. Pelo contrário, ordenou-nos que fôssemos a eles. Se assim é, por que os acusamos de não virem até nós, quando a culpa na verdade é toda nossa, por não irmos a eles? Que Deus nos perdoe, e nos ajude. "Onde não há revelação divina, o povo se desvia [...]".

O mundo esforça-se a fim de atrair ao máximo a atenção das pessoas. Os teatros e centros de diversão ficam nos locais mais proeminentes, são mais bem-iluminados. Ao contrário, os líderes evangélicos, em sua esmagadora maioria, preferem uma ruela escura, levantam um edifício minúsculo, instalam uma iluminação deficiente, e ainda se admiram de que o público não frequente suas igrejas. "[...] os filhos deste mundo são mais astutos no trato entre si do que os filhos da luz" (Lucas 16.8). Toda cidade necessita de uma grande sede evangelística, localizada em lugar central, com abundância de iluminação, de acesso fácil, bem diante do nariz dos transeuntes. É preciso, essencialmente, que haja um programa evangelístico realmente vívido, que vise a despertar os indiferentes, salvar os pecadores e apontar-lhes o caminho para o céu. Sem essa visão, o povo está condenado.

Tudo quanto se faz necessário, para que se conte com essa visão dada por Deus, é a fé. Ou deveria eu dizer — fé e dedicação? A fé e a dedicação capazes de realizar milagres. A visão e a fé dadas por Deus, combinadas com a dedicação, a saber, com o trabalho árduo, que inclua o sacrifício, realizarão o que aparentemente é impossível. O lema de Carey sintetiza esse princípio. "Espera grandes coisas de Deus; intenta grandes coisas para Deus". E, de fato, não se pode esperar grandes coisas de Deus enquanto não se tenta grandes coisas para Deus. Por conseguinte, obtenha a visão profética de Deus e mergulhe na obra que você está realizando. "[...] Tudo é possível àquele que crê"(Marcos 9.23). "[...] para Deus todas as coisas são possíveis" (Mateus 19.26). "[...] Tenham fé em Deus" (Marcos 11.22).

Vivemos dias de terrível apostasia. Em minhas viagens pela Europa e, mais recentemente, atravessando o Canadá e os Estados Unidos, tenho sentido a gravidade da situação religiosa e suas perspectivas como nunca antes. A Igreja cristã, segundo também fora predito, está apostatando da fé a passos largos. Muitos cristãos estão pervertendo a fé. Isso significa que, atualmente, o mundo inteiro se transformou em vastíssimo campo missionário. Milhões de pessoas que frequentam regularmente muitas das assim chamadas igrejas cristãs, nestas, nunca ouvem o evangelho puro de Jesus.

Em muitos púlpitos da atualidade podem ser ouvidas declarações como as que reproduzimos abaixo, saídas dos lábios de ministros consagrados a Deus:

> Já não prego a necessidade de aceitarmos a Bíblia toda. Não prego o céu e o inferno ensinados na Bíblia, e não conheço nenhum pregador digno desse nome que ensine esses mitos. A minha educação acadêmica me proíbe de aceitar como autênticos os milagres mencionados na Bíblia. Não acredito na doutrina da salvação pelo sangue de Cristo. Graças a Deus não serei salvo pelo sangue de quem quer que seja. A salvação pelo sangue é o evangelho do açougue.

Em face dessas declarações, não teria chegado já a hora de todos os verdadeiros servos de Deus clamarem bem alto e continuarem proclamando as poderosas verdades do antigo Livro, as únicas capazes de transformar as almas?

O general Booth escreveu, em seu livro *Na mais negra Inglaterra*, as seguintes palavras:

> Deus imprimiu em meu coração aquela terrível declaração: "[...] A escuridão cobre a terra, densas trevas envolvem os povos [...]" (Isaías 60.2). Isso é verdade nos nossos dias não apenas nos campos missionários do estrangeiro, mas aqui mesmo em nossa pátria. Por toda parte os homens vivem na quase total escuridão, no que diz respeito à salvação de Deus. Somente aqui ou acolá encontramos um púlpito onde o evangelho genuíno está sendo pregado, onde se frisa o novo nascimento, onde se explica o plano de salvação e onde se fazem apelos aos pecadores. Convites a que os pecadores venham ao altar quase não existem mais, tampouco as entrevistas após os apelos, que visam a conduzir os interessados aos passos concretos da salvação. Os cultos evangélicos se formalizam progressivamente. Em muitas igrejas o ministro prega como se no auditório todos já fossem salvos e já houvessem herdado o céu, embora em todas as congregações possa haver aqueles que nunca nasceram de novo.

Quem nos dera ouvir a pregação exemplificada por Bunyan, Baxter, Aileen, Edwards, Wesley; Whitefield e Finney. A pregação desses homens fazia os pecadores estremecer e clamar em alta voz, sob o tremendo peso do pecado e da culpa. Que o Senhor levante novamente homens desse porte, homens que percebam a gravíssima seriedade e a responsabilidade de sua vocação, que ponham de lado todas as questões secundárias e proclamem com destemor todas as grandes verdades fundamentais da fé cristã. Nestes dias finais de nossa dispensação, as verdades fundamentais devem ser expostas clara e inequivocamente. Não há outra forma de pregar, não há outra mensagem que valha a pena o esforço.

Faz muito tempo, tempo demais, que os homens fomentam as controvérsias religiosas. Por que motivo manteríamos acesa a disputa de pontos controvertidos? As controvérsias jamais foram proveitosas. As verdades das Escrituras não precisam ser defendidas; basta que sejam proclamadas. A Bíblia sabe defender-se por si mesma. Ela tem sobrevivido a todos os seus detratores e inimigos ferrenhos, que já se tornaram pó. Necessitamos de uma mensagem positiva. Foi por causa das controvérsias que se apagou a luz do evangelho na África do Norte, e isso acontecerá também em nosso país, se não tomarmos as providências corretas.

Fixemo-nos em nossa grande tarefa de propagar o evangelho, tanto em nossa pátria como nos países distantes. Trabalhemos juntos na unidade do Espírito. Ainda que não possamos concordar a respeito de uma ou outra doutrina não essencial, podemos concordar com a necessidade do evangelismo. Todos os cristãos creem que o evangelho "é o poder de Deus para a salvação de todo aquele que crê". Portanto, preguemos o evangelho. Os ateus jamais se deixaram convencer pela força dos argumentos.

"Nada de ataque! Nada de defesa!" Esse tem sido sempre o meu lema, que sempre me deixou em ótima posição. Não conheço outro lema que seja melhor. E recomendo-o cordialmente a todo ministro do evangelho, para que o adote.

De conformidade com as Escrituras, estamos vivendo dias equivalentes aos da igreja de Laodiceia. Por conseguinte, a própria igreja hodierna precisa ser evangelizada. Deve-se lançar um novo apelo aos cristãos, para que se separem do mundo e se dediquem novamente em devoção sincera a Jesus Cristo. Como é que alguém, nascido do alto, pode permanecer numa igreja que não é igreja, que não passa de um clube? Eis uma coisa que não entendo. Toda e qualquer transigência é condenada pela Palavra de Deus. É preciso fazer as trevas se dissiparem. De que outro modo poderíamos fazer frente à apostasia de nossos dias?

O inimigo está à porta e nos ameaça. As nuvens tempestuosas já se ajuntam, e o temporal está prestes a sobrevir. Nada, exceto a pregação do evangelho no poder do Espírito Santo, pode fazer reverter a perigosa maré. Portanto, não há alternativa senão entregarmo-nos à evangelização. Vamos às pessoas, onde estiverem e, munidos da melhor música evangélica, dos melhores testemunhos e das melhores mensagens, atraiamos as massas perdidas para Cristo. Planejemos uma campanha evangelística caracterizada pelo entusiasmo e ganhemos as pessoas para o Salvador. Distribuamos folhetos evangelísticos em cada lar de nossas comunidades e façamo-lo não uma vez só, mas muitas vezes.

Você já leu o texto de Provérbios 24.11,12? Que palavras perscrutadoras essas! Medite nelas com atenção, grave-as bem:

> Liberte os que estão sendo levados para a morte; socorra os que caminham trêmulos para a matança! Mesmo que você diga: "Não sabíamos o que estava acontecendo!" Não o perceberia aquele que pesa os corações? Não o saberia aquele que preserva a sua vida? Não retribuirá ele a cada um segundo o seu procedimento?

Que espantosa declaração! Quem pode lê-la sem se convencer? Se os homens estão ameaçados de morte e não os advertimos, nós seremos os grandes culpados. Talvez aleguemos ignorância.

Poderemos asseverar que de nada sabíamos. Porém nada disso nos livrará. Pois podemos e devemos saber de todos os fatos. Podemos procurar os necessitados. Deus jamais poderia aceitar nossas desculpas frouxas. É absolutamente necessário que façamos soar o alarme. Precisamos avisar os homens do perigo que correm.

Essa, meu irmão, é a grande necessidade do momento. Que Deus nos outorgue a visão profética, a fim de que o povo não venha a perecer e de que não sejamos responsabilizados e culpados por negligência.

Capítulo 11

EVANGELISMO: RESPOSTA DE DEUS A UM MUNDO QUE SOFRE

Estamos às portas do século XXI. Forças sinistras estão em ação. Religiões falsas multiplicam-se por toda parte. O nacionalismo nazista ressurge e ameaça de novo varrer a terra. O comunismo, que parecia a mais poderosa arma já forjada pela malícia satânica, ameaçou eliminar o cristianismo. Todavia, morreu o nazismo e morreu o comunismo. Sobrevivemos a pestes e epidemias, e a duas guerras mundiais, na última das quais morreram mais de 50 milhões de pessoas. O mundo se incendiou em algumas centenas de guerras e guerrilhas, desde 1945, quando terminou a Segunda Guerra Mundial. Hoje, cerca de 40 conflitos armados ameaçam a paz mundial.[1] A Igreja de Cristo sobreviveu à alta crítica, que tentou destruir a Bíblia.

Ameaçam-nos hoje o avanço do maometismo fanático, as doutrinas deletérias da Nova Era, o ocultismo satânico, o

---

1. Dado referente à pesquisa do autor quando da publicação primeira da obra, em 1969. [N. do E.]

ecumenismo incoerente, o humanismo, o modernismo teológico, o mundanismo no seio da Igreja cristã. Isso na área das ideias e doutrinas. No campo da sobrevivência física ressurgem algumas velhas pestes, mais fortes, e surge uma nova, a devastadora aids, para a qual ainda não existe cura. Tudo isso sob a sombra sinistra de um possível holocausto nuclear total.

É certo que não poderei viver até o ano 2000, a fim de poder escrever a respeito dessa época. Para mim, será impossível ver o final deste milênio. Contudo, se Cristo demorar um pouco mais, vários bilhões de seres humanos chegarão lá. Acredito que os próximos anos serão os mais decisivos da história da humanidade. Acontecimentos capazes de abalar o mundo inteiro já estão sendo moldados, e suas sombras projetam-se até nós.

Movimentos colossais têm sido inaugurados; alguns conducentes ao bem, outros ao mal. A raça humana enfrenta a possibilidade da autodestruição. A revolução social, com todos os seus horrores, soergue a cabeça monstruosa. A cortina de bambu, atrás da qual se oculta um bilhão de chineses pagãos, oferece-nos uma escravidão pior do que a morte. A criação toda sofre. E geme. O mundo já sente as dores de parto que prenunciam o dia do juízo final. Uma vez mais se ouve "um som de passos por cima das amoreiras" (2Samuel 5.24). "[...] o dia do Senhor está chegando" (Joel 2.1).

A importância do evangelismo

Não sou um evangelista profissional, mas desenvolvi um ministério evangelístico em minha vida. Sei que a única esperança de nossos dias é a renovada manifestação do poder de Deus. Tenho visitado países em que vi esse poder em operação, e confio que se pode desfrutar no Brasil as coisas que vi noutros países. O evangelismo é essencial hoje, como sempre foi.

E sem reavivamento espiritual, a vida, como a conhecemos, fatalmente perece. É necessário que evangelizemos e que sejamos reavivados. Caso contrário, nos fossilizaremos.

Todos temos nossas diferenças teológicas e doutrinárias sobre questiúnculas de menor importância, mas existe algo em torno de que nos podemos unir: o evangelismo. Ainda que não possamos alcançar unanimidade a respeito disto ou daquilo, coisinhas que na eternidade não pesarão, devemos ser capazes de trabalhar em cooperação uns com os outros na conquista de homens e mulheres perdidos, para o Senhor Jesus. Os ministros e os leigos de todas as denominações evangélicas deveriam cooperar, quando se trata do evangelismo.

Há ministros que entendem que podem realizar a obra de evangelização em sua igreja local, sem necessidade de contratar-se um evangelista profissional. Permita-me dizer-lhes — e baseio minhas palavras em quarenta anos de ministério, na maior parte dos quais como pastor — que devo o meu sucesso na obra cristã, em grande medida, à ajuda de especialistas em evangelismo. O pastor de uma igreja pode ser um bom pregador, muito amado pelo seu rebanho, mas até mesmo a melhor das vozes pode vir a tornar-se cansativa. Sempre acolhi com alegria outros pregadores, no púlpito da igreja onde pastoreava, porquanto sempre entendi que uma nova voz é imperativa. Um evangelista pode conquistar para Cristo pessoas que talvez eu nunca conquistasse. Talvez eu sequer poderia nutrir a esperança de ganhá-las. Depois, então, ao reassumir o púlpito, parece que a minha voz se fez diferente, tornou-se uma nova voz! E assim o povo não se cansa. Tão logo sinto que minhas ovelhas já me ouviram por bastante tempo, trago um novo pregador que lhes proporcione certa mudança de cardápio. Um evangelista sempre nos arranja novos amigos, a maioria dos quais permanece conosco, como irmãos amados, mesmo depois de o evangelista ter ido embora.

A primeira campanha que realizei em Toronto durou seis meses, sem nenhuma interrupção, nem sequer de uma única noite. Havia cultos até aos sábados, e geralmente dois ou três aos domingos. A administração da campanha coube a mim, e presidi a todas as reuniões. Todavia, durante esses seis meses contei com a presença e a atuação de uma dúzia ou mais de diferentes evangelistas, um após outro, os quais se ocuparam da pregação. Assim, eu sempre tinha algum pregador novo a apresentar, e meu rebanho podia ficar continuamente na expectativa de ouvir uma nova voz, e uma mensagem diferente. A multidão de ouvintes foi aumentando semana a semana. O interesse era intenso, e antes de terminar a campanha centenas de almas haviam sido salvas. O resultado foi que a igreja e sua obra foram grandemente fortalecidas. Cada campanha custeou suas próprias despesas e mais ainda: sempre sobrava uma quantia digna na tesouraria.

Ao longo de todos esses anos, sempre tenho organizado duas, três, e às vezes meia dúzia de campanhas evangelísticas por ano, sem contar as muitas preleções especiais sobre assuntos de interesse geral, ou específico para um grupo. Esses eventos têm servido para estimular a vida espiritual do povo, acrescentando novos interesses, criando entusiasmo e consolidando a obra do Senhor. Entre uma e outra campanha, tenho me dedicado a pregar. À medida que a obra vai tornando-se mais vigorosa, com o aumento crescente das multidões, venho me ocupando pessoalmente da maior parte do trabalho de púlpito. Mas jamais senti que poderia fazer tudo sozinho. Sempre convido oradores de fora, a fim de me ajudarem nas campanhas de evangelização.

Dificuldades próprias do evangelismo

Já houve época, na obra do evangelismo e do reavivamento espiritual, e esse tempo não está muito longe, em que todas as congregações evangélicas de qualquer cidade fechavam suas portas e cooperavam juntas. Não admira que homens como Billy Sunday houvessem atraído multidões tão numerosas. Durante anos, Billy Sunday não aceitou dirigir campanha alguma, a menos que as igrejas fechassem suas portas e unissem suas forças para a realização da campanha. Consequentemente, os coros de todas as congregações se achavam no altar. E, mais importante ainda, todos os ministros também. Estando as igrejas de portas fechadas, o povo vinha ao imenso salão da cidade, onde a campanha de evangelização estava sendo realizada, enchendo-o até ao máximo. Quando os irmãos viam seus próprios ministros assentados no altar, eram inspiradas a cooperar, a contribuir, a orar e a fazer qualquer outra coisa para o sucesso da campanha. Essa é a maneira ideal de ganhar almas para Cristo.

No entanto, vivemos numa época em que parece impossível ter a cooperação de todos os ministros desta ou daquela cidade. Sentimo-nos muito felizes em nossos dias, se ao menos conseguimos que as igrejas evangélicas fechem suas portas e trabalhem unidas. É que até mesmo entre os chamados cristãos fundamentalistas tantas são as divisões e as contendas que se torna extremamente difícil obter a necessária cooperação. Mas continua de pé a verdade de que qualquer *aldeia* ou *cidade pode ser abalada para Deus e de que um poderoso reavivamento espiritual pode acontecer, desde que as igrejas se* unam *em um esforço conjunto* para *conquistar* almas para *Cristo.* Que todos os ministros de todas as denominações evangélicas se unam, visando à evangelização das massas que perecem sem Cristo, em todas as partes do mundo.

Alguns alegam que precisamos de uma melhor instrução bíblica, que o povo conheça mais profundamente a Palavra de Deus E afirma-se que o evangelismo não consolida a igreja nem ensina a Palavra. Tenho o direito de discordar disso. Ao estudar a história dos reavivamentos e do evangelismo, no decorrer dos séculos, descobri que há maior aprendizado da Bíblia e maior colheita de almas nas ocasiões de intenso evangelismo. E sempre há um maior número de pessoas estudando a Palavra de Deus, nos dias de reavivamento e evangelismo, do que em qualquer outro período.

Quando o Espírito Santo entra em ação, o povo sobrenaturalmente se volta para a Bíblia para estudá-la. Formam-se novas classes bíblicas na escola dominical. Os novos convertidos testemunham e oram em público e, em decorrência disso, aumenta o conhecimento bíblico. A instrução bíblica, sem o evangelismo, resulta em estagnação; mas o evangelismo, que sempre induz ao estudo da Bíblia, inspira e abençoa.

Permita-me informar a você que é o trabalho pessoal, após as reuniões, que traz o maior proveito, e não o trabalho realizado pelo evangelista. O pregador do evangelho pode ser assemelhado ao obstetra. Esse médico traz o bebê ao mundo, mas ninguém espera que ele cuide da criança. Esse é um trabalho posterior, que deve ser realizado pelos pais da criança. A responsabilidade do médico obstetra cessa no momento em que ele entrega o bebê recém-nascido à mãe. Seria uma injustiça culpar o obstetra, caso a criança não se desenvolvesse apropriadamente após a gestação, parto e depois de realizados os procedimentos de rotina. De modo semelhante, seria uma injustiça acusar o evangelista, caso os convertidos não prosseguissem nos retos caminhos da fé, ou não progredissem espiritualmente, depois de terem sido trazidos à luz. Afirmo que isso é responsabilidade de outros, a saber, do pastor, dos professores da escola dominical, dos líderes das classes de jovens, de todos aqueles que ficam na retaguarda, a fim de cuidar dos novos convertidos. Quando se organizam classes especiais para os novos convertidos, não demora muito até que eles se firmem, instruídos nas doutrinas fundamentais da fé, e assim se tornem fiéis e ardorosos obreiros do Senhor Jesus Cristo.

Muitos há que hoje em dia exaltam o evangelismo, em detrimento do trabalho dos pastores. É lamentável que num ou noutro caso se tenha de admitir que isso seja verdade. O *tipo de evangelismo de que precisamos é aquele que fortalece as mãos do pastor, e de todos os modos lhe dá apoio e ânimo.* Quando um evangelista critica ou aponta faltas em um pastor, seja de que modo for, comete um erro trágico. Os pastores já têm muitos problemas. Precisam ser encorajados, e o evangelista deveria fazer tudo ao seu alcance para facilitar a tarefa do pastor. O pastor deve ser honrado perante seu rebanho. É por essa razão que acredito que todo evangelista, pelo menos durante alguns anos, deveria tomar-se pastor, a fim de poder entender os problemas do pastorado e saber como ajudar. O pastor não é perfeito, e tampouco o evangelista. É possível que o evangelismo recebesse maior apoio da igreja se os evangelistas dessem boa retaguarda aos pastores.

Sou pastor e evangelista, sei muito bem que o trabalho do pastor apresenta problemas maiores do que os do evangelista. O evangelista enfrenta alguns dos problemas de uma comunidade qualquer durante duas ou três semanas, e depois os deixa para trás, quando vai embora. Mas o pastor se vê perenemente acossado por esses problemas e outros mais. Essa é uma das razões por que, vez por outra, deixo de lado o pastorado e efetuo outra campanha de evangelização. Isso me permite deixar um pouco de lado os problemas do pastorado, em geral trazidos por pessoas mesquinhas. Os evangelistas farão bem em adotar uma atitude positiva para com os pastores com quem vão trabalhar.

Necessidade do evangelismo

Você notou que quase todos os evangelistas de fama mundial estão mortos? Todos, com exceção do dr. Billy Graham. Já morreu Dwight L. Moody. Desapareceram: R. A. Torrey, J. Wilbur Chapman, Billy Sunday e, por último, Gypsy Smith, meu grande amigo. Já partiram todos para a glória. É triste dizê-lo, mas poucos surgem no horizonte capazes de ocupar os lugares vagos deixados por esses profetas, cujos nomes se tornaram conhecidos por toda a face do planeta. A causa disso é que os nossos seminários e institutos bíblicos não estão treinando evangelistas. Estão treinando pastores e missionários, não treinam evangelistas. Quantas dessas instituições de ensino oferecem um curso de estudos sobre a história do evangelismo e dos avivamentos espirituais? Quantas faculdades teológicas estudam a vida e os métodos dos grandes evangelistas e reavivalistas do passado? Quantas delas ensinam aos seus estudantes como se deve efetuar uma campanha evangelística?

Houve época em que as grandes denominações evangélicas do Canadá, por exemplo, se utilizavam dos dons dos evangelistas. Lembro-me bem de quando Crossley e Hunter, que trabalharam juntos por um quarto de século, excursionaram pelo Canadá. Eu me lembro porque participava das reuniões que eles dirigiam. Esses homens já partiram, mas até o momento não sei quais das grandes denominações evangélicas canadenses têm evangelistas contratados. No entanto, as nossas igrejas têm sido erigidas graças ao evangelismo. Agora se empregam outros métodos. Resultado? Bancos de igrejas vazios. Pouquíssimos jovens estão sendo levados a Cristo. O que precisamos hoje, mais do que qualquer outra coisa, é de um exército de evangelistas e reavivalistas que percorra a nação em toda a sua extensão e largura, de igreja em igreja, de cidade em cidade, conclamando o povo a que se volte para Deus.

Agradeço ao Senhor toda campanha evangelística. Sei que tremendo prejuízo a igreja tem sofrido por causa da ênfase errônea nas finanças, de modo especial no que diz respeito às ofertas voluntárias. Eu gostaria de ver chegar o dia em que o evangelista, a exemplo do pastor, recebesse um salário fixo, pago pela igreja local, a fim de que todos pudessem saber exatamente quanto ele ganha. Assim, cessariam as acusações de abuso, de aproveitamento ilícito, de corrupção e extorsão. Em todas as denominações, haveria lugar e tempo para a obra do evangelista. Ele receberia um salário determinado pela denominação, presbitério, concílio ou ministério local da igreja. As ofertas que excedessem as despesas seriam entregues à tesouraria central. Talvez seja essa a grande e única solução.

Devemos quase tudo quanto *possuímos ao evangelismo. A maioria dos cristãos se converteu em campanhas evangelísticas ou durante períodos de avivamento espiritual.* Calculo que pelo menos 60% das almas ganhas para Cristo se converteram em reuniões evangelísticas. Muitas e muitas vezes tenho feito pesquisas, por meio de mãos levantadas, e vejo a confirmação desses números. Pergunto a mim mesmo o que acontecerá quando os cristãos atuais desaparecerem, e não se promoverem campanhas para que se conquistem outros para Cristo. Os jovens da Inglaterra, em sua maior parte, estão desviados. É provável que jamais se filiarão a uma igreja. O clamor dos cristãos de mais idade é: "Quem assumirá o nosso lugar quando morrermos?". O evangelismo é a única solução. Torna-se imperativo o emprego das reuniões evangelísticas e de reavivamento.

Resultados do Evangelismo

Conforme eu disse, tenho estudado atentamente a história das missões e do evangelismo ao longo dos anos. Nos primeiros dias, contávamos com uma média aproximada de 500 decisões anualmente. Esses bebês recém-nascidos enchiam os bancos de nossos templos. Os cristãos mais antigos encontravam seus lugares ocupados se chegassem ao templo um pouco mais tarde. Durante anos e mais anos não fizemos qualquer propaganda pelos jornais, tão compactas eram as multidões que nos procuravam. Tenho uma carta, a mim dirigida pelo comandante do Corpo de Bombeiros, exigindo que eu reduzisse as minhas pregações por causa dos riscos de incêndio. Li essa carta ao povo, em certo domingo à noite, quando o templo estava repleto com mais de 2 mil pessoas, muitas delas de pé ao longo das paredes, outras sentadas nos degraus dos corredores, entre os assentos. Muitas pessoas não puderam entrar, por falta de espaço para ficar em pé. A leitura dessa carta fez que um número ainda maior de pessoas procurasse entrar no templo no domingo seguinte.

Tínhamos um órgão de tubos monstruoso, que ocupava todo o espaço da parte de trás da galeria. Quando nossos irmãos viram tantas pessoas tendo que voltar para casa, por falta de acomodação, semana após semana, puseram-se a orar. Pediam ao Senhor que enviasse alguém que comprasse o órgão, a fim de que se pudesse construir uma segunda galeria em seu lugar, para acomodarmos mais pessoas. Após alguns meses, Deus atendeu à oração. Agora o órgão está em outra grande igreja de Toronto. Construímos uma segunda galeria. Na primeira noite em que ela foi aberta ao público, ficou cheia de gente. Muitas pessoas ficaram sentadas nos degraus das passagens laterais. Desde aquele dia até hoje, excluindo os quentes meses de verão e o período de férias, essa galeria fica repleta, e muitas dezenas, senão centenas, de pessoas já desceram dessa "elevação", para dizer que estavam salvas por Cristo.

Às vezes uns policiais se aproximam de mim, antes do início do culto, insistindo em que eu reduza o número excessivo de pessoas que frequentam nossa igreja. Não permitiam que tantas pessoas ficassem de pé ao longo das paredes internas, ou sentadas nos corredores. A única coisa que eu poderia fazer, conforme já declarei, seria suspender toda a propaganda pelos jornais. Apesar disso, durante muitos anos, com raríssimas exceções, tenho pregado para mais de 2 mil pessoas, domingo após domingo à noite.

O evangelismo enche de gente qualquer igreja. Tenho visto isso vezes sem conta, semana após semana e ano após ano. Jamais poderei me esquecer da campanha que tive o privilégio de dirigir na famosa Igreja da Rua Park, em Boston. Estava repleta ao máximo de sua capacidade, e inúmeras pessoas tiveram de ficar de pé. No fim da campanha de duas semanas, mais de 200 pessoas haviam tomado a grande decisão por Cristo. Aquela grande igreja sofreu uma revolução. Nunca mais foi a mesma. Deus operou de maneira admirável. O que o evangelismo fez pela igreja na Rua Park, pode fazer por qualquer igreja evangélica.

As maiores campanhas de evangelização de que já desfrutei na vida, até antes do início da Segunda Guerra, foram efetuadas na Austrália e na Nova Zelândia. Muitas vezes foi impossível encontrar auditórios suficientemente grandes para conter as multidões. Tive de organizar as operações sozinho, mas Deus agia. Pedaços de relatos aparecem em meu livro *The Story of My Life* [A história de minha vida]. A Austrália e a Nova Zelândia nunca mais se esquecerão das campanhas de cinquenta anos atrás. Eu havia contraído malária, mas, a despeito de minha debilidade física, Deus agiu poderosamente. Foi um milagre do princípio ao fim. Pelo menos mil pessoas se renderam a Cristo, e muito antes de as campanhas se encerrarem, os novos convertidos já trabalhavam na evangelização.

A alegria do evangelismo

Depois de haver falado a um numeroso grupo de pastores em Sidney, na Austrália, sobre evangelismo, notei um ministro cujo rosto estampava tristeza. Ele se aproximou lentamente de mim. Esperei que ele se manifestasse. Ele ficou de pé um momento, diante de mim, antes de dizer qualquer palavra, e depois me perguntou o seguinte:

— Dr. Smith, será que entendi mesmo o que o senhor disse?

— Por quê? — retruquei. — Qual é a sua dúvida?

— O senhor disse de fato — frisou ele — que é possível a gente fazer o que o senhor acabou de falar?

— Sim, mas não entendo qual é a sua dúvida — insisti.

— O senhor acha — continuou ele — que é possível a um ministro presbiteriano fazer um apelo para que os perdidos aceitem a Cristo? (ele enfatizou a palavra "presbiteriano").

— Bem — respondi —, eu sou um ministro presbiteriano, e durante todos os dias de meu ministério tenho feito apelos e visto homens e mulheres, às centenas, virem à frente, a fim de aceitar a Jesus Cristo como seu Salvador — concluí.

— Mas o senhor sabe — insistiu ele — que isso não se faz na igreja presbiteriana. Não agimos assim em nossa denominação.

— Sei disso — prossegui. — Mas não vejo razão por que um ministro presbiteriano não possa fazer um apelo desses.

Com expressão de tristeza no rosto, ele se virou e foi embora. Em poucos minutos, já me havia esquecido inteiramente do incidente. Na segunda-feira seguinte, à noite, quando eu dirigia uma de minhas reuniões costumeiras no Auditório do Supremo Concílio da Igreja Presbiteriana, estava prestes a subir os degraus até o púlpito quando percebi um movimento estranho à porta. Parei, curioso. Eu queria saber o que estava acontecendo. Para minha grande admiração, vi o rosto de meu amigo, o ministro presbiteriano, que me interpelara esforçando-se por entrar, varando o povo amontoado à entrada do edifício. Fiquei esperando. Ele conseguiu passar e veio rápido na minha direção. Notei que trazia uma jovem pelo braço esquerdo e outra pelo direito, arrastando-as.

Quando, por fim, chegou à distância suficiente para que eu o visse melhor, notei que seu rosto brilhava de alegria.

— Funciona, funciona! — gritou ele.

No momento, não atinei com o sentido de suas palavras.

— Que é que funciona? — perguntei, quando chegou à minha frente.

— Ora, o que o senhor disse no sábado! — exclamou ele. E prosseguiu: — No domingo, pela primeira vez em minha vida, fiz um apelo, e veja o que consegui. E assim dizendo impeliu as duas jovens para diante de mim.

Interroguei-as e vi que ambas se haviam realmente convertido ao Senhor. E lembrei-me do incidente do sábado, até que me veio à mente que algo diferente havia acontecido.

Ele fizera o apelo no dia anterior, mas com medo. Duas mãos se levantaram. Ele ficou sem saber o que fazer, mas pediu às duas jovens que se levantassem. Inseguro sobre o passo seguinte, ele se lembrou de que eu convidara as pessoas que desejassem ser salvas que viessem falar comigo sobre a salvação. Foi o que ele fez. As jovens atenderam sem hesitação. Não contando com obreiros que o auxiliassem, ele mesmo conversou com as jovens e, ao fazê-lo, foram salvas. Que transformação! Aquele ministro presbiteriano voltou ao seu trabalho para fazer justamente o trabalho que havia negligenciado durante todo o seu ministério. Daí por diante passou a oferecer à sua congregação a oportunidade de aceitar a Jesus Cristo como Salvador, depois de pregar, em vez de apenas pronunciar a bênção apostólica e ir embora para casa. Seu ministério passou por uma grande revolução. Começou a experimentar um pouco do júbilo que acompanha o evangelismo, e assim aprendeu, por experiência própria, que até mesmo um ministro presbiteriano pode fazer apelos para que os pecadores aceitem a Cristo como Salvador.

A minha sugestão a você, meu amigo, é esta: "Vá e faça o mesmo" (Lucas 10.37).

~ Capítulo 12 ~

DEUS MANIFESTA SEU PODER NOS REAVIVAMENTOS

A igreja primitiva caracterizava-se pelo reavivamento espiritual. Nada, exceto o reavivamento, poderá solucionar os problemas do mundo. De fato, à parte o avivamento, é duvidoso que a Igreja possa subsistir. Pelo mundo inteiro existem os que clamam a Deus rogando outra *poderosa manifestação de seu poder*. Essas orações ficarão sem resposta? Virá realmente o reavivamento? E, se vier, qual será a sua natureza? Quanto custará? Podemos fazer alguma coisa para provocar esse reavivamento? Por acaso a oração do salmo 85.6 pode ser respondida na presente geração: "Acaso não nos renovarás a vida, a fim de que o teu povo se alegre em ti?". Os nossos olhos estão postos em Deus. Somente ele pode vivificar uma vez mais o seu povo, e, quando ele o fizer, haverá um regozijo de tal proporção que a Igreja não experimentou em muitas gerações.

Quando precisamos de reavivamento?

Desejo levantar algumas perguntas e responder a certas questões importantíssimas. Antes de tudo, quando é que precisamos de reavivamento? Ou, para tornar a pergunta ainda mais pessoal: Quando *eu e você precisamos de reavivamento? Quando o cristão houver perdido o seu primeiro* amor, *chegou o momento em que ele precisa de reavivamento espiritual.* Você se lembra, leitor amigo, dos primeiros dias depois de ter sido salvo? Você se lembra de seu amor pelas almas, de como sentia, conscientemente, a presença de Deus em sua vida? Você se lembra de como apreciava a oração e de como ficava emocionado ao distribuir folhetos e, de modo especial, quando conduzia alguém a Cristo? Você de fato trabalhava fervorosamente para o Senhor naqueles primeiros dias! Como você se deleitava em fazer algo para Jesus! Como você vibrava ao ler as Escrituras!

E hoje, o que me diz de sua vida? Você não sente mais a vibração espiritual daqueles dias? Você afastou de seu coração a alegria do Senhor? Você está negligenciando o estudo de sua Palavra e da oração? Feneceu em você aquele seu primeiro amor e, agora, tudo não passa de coisas comuns? Se esse é seu caso, então, meu amigo, você necessita de um reavivamento.

Quando *você houver perdido seu interesse pelas almas, também estará precisando de reavivamento.* É bem possível que você esteja a caminho do céu, ao passo que seus entes queridos estejam eternamente perdidos. Se na verdade você não sente responsabilidade por eles, se os seus olhos se mantêm enxutos, se você consegue continuar satisfeito e contente — tudo isso sabendo que você irá para o céu e que eles irão para o inferno —, você precisa de reavivamento. Que é que você diz sobre seus pais, que é que você diz sobre seus filhos e filhas, que é que você diz sobre sua esposa, ou seu marido? Você está salvo e eles estão perdidos, e, apesar disso, você não sente preocupação por eles?

Se eu soubesse que meu filho ainda não está salvo, não sei como poderia comer ou dormir. Acho que eu preferiria ficar acordado a noite inteira, agonizando na presença de Deus, em favor do meu ente querido. Agarrar-me-ia às extremidades do altar, e jamais as soltaria enquanto meu filho ou minha filha não estivesse salvo. Meus olhos permaneceriam marejados de lágrimas, e meu coração de luto, coberto de tristeza. Não poderia descansar enquanto meus filhos não tomassem a mais importante e gloriosa de todas as decisões. Como poderia eu tolerar que o círculo de minha família ficasse incompleto? A promessa da Palavra de Deus garante isto: "Creia no Senhor Jesus, e serão salvos, você e os de sua casa" (Atos 16.31). Confio nessa promessa. Reivindico-a do Senhor. Quero que cada membro de minha família se converta e seja salvo. Eu não poderia suportar a tristeza, se meus filhos estivessem perdidos.

Um de meus filhos, o mais velho, se converteu aos 9 anos de idade. Minha esposa e eu o conduzimos a Cristo. Jamais me esquecerei do modo pelo qual ele chorou perante o Senhor, sob a profunda convicção de pecado que o acometeu. Foi após um de meus sermões. Ele veio até nós, quando chegamos em casa. Estava com os olhos vermelhos de chorar. Disse-me que queria receber a Cristo e ser salvo. Hoje ele trabalha como técnico em Vancouver, na Colúmbia Britânica, e continua firme no Senhor.

A filha do meio recebeu a Cristo quando estava com 10 anos de idade. Ela também foi conduzida a Cristo quando sua mãe e eu nos ajoelhamos ao seu lado, ao pé de sua cama. Ela também ficou convicta de sua necessidade de salvação. Hoje é mãe de três filhos, escreve e pinta. É discípula de Jesus.

O filho mais novo, que hoje é o pastor da Igreja dos Povos, foi salvo quando não havia ainda completado os 5 anos de idade. Eu estava pregando e, ao fazer o apelo, vi meu próprio filhinho, de menos de 5 anos de idade, que avançava confiantemente pelo corredor, com uma expressão de grande determinação no rosto. Ele se ajoelhou diante do púlpito e o Senhor Jesus Cristo veio ao seu coração.

Com toda a sinceridade, não posso compreender como é que um ministro pode ficar satisfeito em pregar um sermão, pronunciar a bênção e ir embora para casa, sem estender ao povo a quem pregou o convite e a oportunidade para que aceite a Cristo como Salvador, naquele instante.

O fato de um ministro prosseguir nessa prática, domingo após domingo, sem ver nenhuma pessoa apresentar-se a fim de ser salva, realmente ultrapassa o meu entendimento. O advogado fica à espera de um veredicto. O pastor também. O médico espera que o seu paciente seja salvo da morte. O pastor também. A cozinheira humilde espera que sua comida fortifique e agrade os comensais, e que fiquem bem-nutridos. O pastor também. O padeiro espera que seu pão mate a fome de seus fregueses. O pastor também. Se esses profissionais nada esperam, deveriam mudar de profissão. Se esperam um resultado contrário daquele pelo qual trabalharam e se esforçaram, há algo errado. Deus prometeu frutos a seus pastores. Seu privilégio, meu caro pastor, é o de colher depois de semear.

Durante todos os dias de meu ministério, tenho feito apelos para que as almas sejam salvas. Domingo após domingo, à noite, sem uma única interrupção, venho apelando à consciência de homens e mulheres, para que venham à frente e depois falem pessoalmente comigo. Convido-os a aceitar a Cristo. E só muito raramente tenho ficado desapontado. Se porventura ninguém aceita a Cristo, sinto que devo voltar para casa, ir direto ao meu escritório, prostrar-me de rosto em terra e clamar a Deus: "O que está errado comigo, Senhor? Que aconteceu? Por que nenhuma alma foi salva esta noite?" Nessas ocasiões, culpo a mim mesmo. Algumas vezes, quando a luta pela libertação das almas é intensa, tenho visto os obreiros de minha igreja, espalhados por todo o templo, de cabeça baixa, como que gemendo, até que a luz brilhe. Tenho visto, então, seus rostos se transformarem pela alegria do Senhor, ao se prepararem para falar pessoalmente de Cristo aos interessados. É que eles anteciparam resultados e não ficaram frustrados. Praticamente todas as noites de domingo algumas pessoas se convertem. Quando, por alguma razão desconhecida, ninguém se manifesta publicamente ao lado de Cristo, as conversões se manifestam mais tarde. "[...] Que lhes seja feito segundo a fé que vocês têm" (Mateus 9.29). Espere grandes resultados e você os receberá. Se você fizer um apelo movido pela fé, Deus operará. A partir do momento em que anuncio o tema de minha mensagem, fico aguardando que, ao fazer o apelo, alguns pecadores atendam ao meu convite.

Meu amigo, deixe-me dizer-lhe novamente que, se você não *sente o peso da responsabilidade pelas almas, você precisa de um reavivamento pessoal*. Se você se satisfaz em prosseguir ano após ano, sem resultados positivos, na forma de almas salvas, lembre-se então de que algo deve estar errado. Convém que você se ponha de joelhos e ore, com confissão e arrependimento, até que Deus abra as comportas do céu e envie um reavivamento espiritual ao seu próprio coração. Só assim, depois de você mesmo estar com a alma em chamas, poderá acender as labaredas do reavivamento nos corações alheios, até que toda a sua igreja fique chamejante, com o fogo ardente do Senhor.

Faço agora minha segunda pergunta: Que *acontece* quando *chega o reavivamento?*

Há um número fabuloso de ministros do evangelho, obreiros cristãos e igrejas evangélicas que não querem reavivamento espiritual e temem o que possa acontecer depois.

Receiam o que chamam de fanatismo. Abominam eventuais alterações na ordem que eles mesmos estabeleceram. Preferem cultos formais em suas igrejas. Cada item da liturgia é cuidadosamente organizado e registrado, a fim de que o culto, do princípio ao fim, corra de forma ordeira, planejado até nas minúcias. Sabem muito bem que o reavivamento espiritual quebra a ordem do culto que pretendem estabelecer. Já leram o bastante sobre reavivamentos para saber que, quando irrompem os avivamentos espirituais, Deus entra em cena. E, quando Deus se faz presente, sempre há alterações.

O livro de Atos dos Apóstolos é um livro de interrupções e alterações. Continuamente, havia levantes e agitações de algum tipo. Parece que nada corria conforme o planejado. Tanto Pedro como Paulo, e até Filipe, experimentaram tais comoções, tais interrupções e milagres, de modo que não sabiam o que os aguardava em seguida. Em todo reavivamento espiritual são inevitáveis as interrupções, os improvisos e as alterações.

Ora, o *reavivamento, antes de tudo, destina-se ao povo de Deus*. Não se destina primariamente aos descrentes, ainda que nunca tenha havido um reavivamento espiritual em que estes não fossem conduzidos aos pés de Cristo. Mas o reavivamento visa primordialmente à igreja, ao próprio povo de Deus. Ninguém pode reavivar um fogo que se apagou de vez. É preciso que pelo menos reste uma fagulha. Se alguém soprar aquela fagulha, poderá reacender a chama. Se a fagulha estiver apagada, a esperança estará em que se inicie outra chama.

Ocorre o mesmo no caso do reavivamento. Os mortos têm de ser ressuscitados. Até o cristão, espiritualmente vivo, precisa ser reavivado. Portanto, o reavivamento espiritual começa com o povo de Deus.

Não demora muito, porém, depois que o povo de Deus tiver recebido o fogo do alto, para que os filhos de Satanás venham se reunir também em volta da fogueira. O fogo do céu atrai o povo. *Quando a igreja realmente experimenta o fogo de Deus, o mundo o percebe e é atraído.* Por conseguinte, apesar de o reavivamento dizer respeito primordialmente aos cristãos, sempre resulta na salvação dos incrédulos. O salmista exclamou: "Acaso não nos renovarás a vida, a fim de que o teu povo se alegre em ti?" (Salmos 85.6).

Salvação

Almas serão salvas. Haverá convicção real de pecado, como nos dias antigos, conferida pelo Espírito Santo. O pecado tornar-se-á espantoso, medonho e terrível. Que bom se recebêssemos a convicção de pecados dos dias antigos! Hoje olhamos superficialmente para o pecado. Mas quão terrível é o pecado aos olhos de Deus! Necessitamos de reavivamento espiritual que nos leve de volta à visão da hediondez do pecado. Por conseguinte, no reavivamento espiritual haverá convicção de pecado e salvação. Almas serão salvas.

Reavivamento espiritual é a manifestação do poder de Deus. "[...] Vocês estão enganados porque não conhecem as Escrituras nem o poder de Deus!" (Mateus 22.29). Essa é uma das mais notáveis declarações da Palavra de Deus. Ela se exalta em nossos dias. Quase não conhecemos o poder de Deus. "[...] E o poder do Senhor estava com ele para curar os doentes" (Lucas 5.17) é outra afirmação importantíssima. Quantas vezes podemos dizer, ao final de nossos cultos: "O poder do Senhor estava presente conosco"? Com frequência, nossos cultos são tão frios, tão formais, tão comuns, que não há o menor vestígio da presença de Deus. "E todos ficaram atônitos ante a grandeza de Deus [...]" (Lucas 9.43). Pergunto outra vez: quando foi que ficamos admirados? Que acontece em nossos cultos capaz de provocar admiração? Qual *foi a última vez que testemunhamos* a *manifestação do poder de Deus?* Alguma vez já ficamos cheios de admiração diante da operação do poder de Deus? Conhecemos esse poder por experiência própria, ou essas experiências da igreja primitiva são totalmente estranhas para nós?

Você sabia que, quando um reavivamento espiritual está em andamento, a própria atmosfera da comunidade parece ficar cheia da presença de Deus? Foi o que aconteceu no estado de Kentucky, quando alguns forasteiros se aproximaram do lugar onde se celebravam as reuniões de reavivamento. Assim que chegaram a determinada distância, desceu sobre eles uma estranha e misteriosa atmosfera, que só posso explicar como sendo uma profunda consciência da presença de Deus. As pessoas sentiram um senso de profunda reverência antes mesmo de chegar ao edifício e, ao se aproximar, cada vez mais tinham uma crescente percepção da presença de Deus. Sabiam que Deus estava ali.

Julgamento

Quando se instala um reavivamento, tanto *há julgamento* quanto *salvação*. Seria bom você ler as narrativas sobre os reavivamentos espirituais do passado. Você vai descobrir que os indivíduos que deliberadamente se opuseram à obra de Deus e se rebelaram contra a operação do Espírito de Deus em suas comunidades, com frequência experimentaram os efeitos do julgamento do Senhor. Às vezes, ocorriam mortes, como nos casos de Ananias e Safira. Charles G. Finney viu isso acontecer inúmeras vezes. Há demonstrações do poder de Deus tanto em julgamento quanto em salvação, na época de reavivamento. Deus sabe tratar dos que se lhe opõem. Wesley foi testemunha de tais ocorrências quase diariamente. As pessoas caíam feridas diante de seus próprios olhos. Muitas vezes o julgamento ocorria no próprio local onde as pessoas se encontravam. *É sempre perigoso brincar com Deus ou com a obra de Deus nos dias de reavivamento espiritual.* Os ateus são subitamente chamados a prestar contas, como advertência a outros. Nosso Deus é vivo, e em tempo de reavivamento o povo percebe isso.

Lembro-me bem da história contada pelo rev. Fred Clark. O dono de um bar na Grã-Bretanha se opusera com extremado vigor ao reavivamento, porque os seus fregueses estavam abandonando a bebida. Certa noite, esse dono de bar resolveu trazer de volta os seus fregueses. Ele iria denunciar o evangelista. Nessa noite ele foi à reunião. O sr. Clark havia procurado desesperadamente um texto bíblico para seu sermão, mas o único que Deus lhe dava era: "[...] Ponha em ordem a sua casa, pois você vai morrer; não se recuperará" (2Reis 20.1). Por diversas vezes procurou deixar de lado o texto, à procura de outro, e não pôde. Finalmente resolveu pregar sobre esse texto mesmo. Chegado o momento de enunciar o sermão, principiou pelo texto, mas nesse instante o tal dono do bar saltou de seu lugar e prorrompeu em impropérios tão violentos que todos ficaram petrificados. Subitamente o homem parou e, no instante seguinte, ouviu-se um som de gargarejo em sua garganta. O homem passou a tossir. Depois havia sangue escorrendo de sua boca e, num segundo, ele desabou morto no chão. Tão chocante foi esse julgamento de Deus, que quase todas as pessoas incrédulas buscaram naquela noite o Salvador. Deus manda tanto o julgamento como a salvação, nos períodos de reavivamento.

Resultados

Permita-me dizer agora que, *quando chega o reavivamento, há mais frutos, em poucas semanas do que em muitos anos de labuta nas igrejas.* Em outras palavras, Deus faz muito mais nesses poucos dias do que muitos homens em muitos anos. Gostaria de apresentar três ou quatro exemplos, para comprovar o que estou dizendo. Quando dirigi campanhas de alcance nacional na Grã-Bretanha, após haver pregado nas maiores cidades da Inglaterra, da Irlanda e da Escócia, fui ao País de Gales. Era natural que me sentisse profundamente interessado por essa região, porquanto eu me lembrei do reavivamento ali ocorrido em 1904. Os ecos daquele poderoso reavivamento haviam cruzado o Atlântico. E eu, bem jovem, sentia o coração abrasado muitas vezes ao ouvir e ler sobre o que Deus estava fazendo no País de Gales. Fui visitar Evan Roberts, o homem tão poderosamente usado por Deus durante o reavivamento galês. Ele morava em uma casa humilde, perto de Cardiff. Todavia, ele havia saído. Parecia que Deus havia chamado Evan Roberts, a fim de usá-lo com um poder extraordinário, como raramente ele usa alguém. Deus o usou durante uns poucos anos e, em seguida, aparentemente o deixou de lado pelo resto de seus dias. O nome de Roberts era conhecido de milhões de pessoas. Logo depois de minha visita, entretanto, Roberts foi chamado para estar com Cristo. Um pouco antes de ele morrer, recebi uma carta manuscrita por ele. Naquele ano de 1904, eu me havia gloriado em seu ministério.

Descobri que 20 mil pessoas se converteram e se uniram às muitas igrejas evangélicas do País de Gales, em cinco semanas. Será que você saberia dizer-me onde, nos Estados Unidos, no Canadá ou na Grã-Bretanha, os ministros de todas as denominações poderiam ganhar 20 mil pessoas para Cristo e integrá-las às suas igrejas, no breve período de cinco semanas? Você deve saber que isso jamais foi realizado mediante os canais ordinários das atividades eclesiásticas. De fato, humanamente falando, isso é impossível, mas aconteceu no País de Gales. Vinte mil pessoas realmente se uniram às igrejas evangélicas em cinco semanas.

Você sabe quantos membros de igrejas evangélicas havia nos Estados Unidos quando Charles G. Finney deu início ao seu grande trabalho de reavivamento? Eram 200 mil. Pense nisso! Só 200 mil membros de igrejas em toda a nação! Você sabe quantos membros havia quando ele terminou a sua tarefa poucos anos mais tarde? Mais de 3 milhões. Sim, no decurso do ministério de um único homem, 3 milhões! Que tremendo milagre! Você poderia dizer-me onde e como tais resultados poderiam ser repetidos? *A verdade é que Deus faz mais em poucos dias de reavivamento do que os homens podem fazer em muitos anos, pelos métodos eclesiásticos comuns.*

Quando Finney efetuou a sua campanha na cidade de Rochester, Estado de Nova Iorque, calcula-se que cem mil pessoas se uniram às igrejas evangélicas dali. Pense nisso! O resultado daquela única campanha, que de modo natural se transformou em reavivamento, foi este: cem mil pessoas aceitaram a Cristo e tornaram-se membros das igrejas de Rochester. Como poderíamos duplicar tão grandes resultados, senão por meio de um avivamento espiritual?

Quando os primeiros pregadores metodistas foram ao Canadá e aos Estados Unidos, não chegaram como pastores. Vieram como ardorosos evangelistas. Por onde quer que passassem, iam acendendo as chamas do reavivamento espiritual. Quais foram os resultados? Milhões de metodistas só na grande nação norte-americana. Isso ocorreu principalmente como resultado dos reavivamentos dirigidos pelos primeiros pregadores de Wesley. O *metodismo nasceu no reavivamento, e, enquanto houve reavivamentos metodistas, almas foram salvas aos milhares. É isso que Deus faz quando há reavivamento.*